DIES UND DAS MIT RAINER SASS

ALTERA
VERLAGSGESELLSCHAFT BREMEN

DANKE-
SCHÖN!

Sabine Rossbach-Hesse
Hans-Jürgen Börner
Peter-Wolfgang Fischer
Jochen Engels

© 1996 ALTERA
VERLAGSGESELLSCHAFT MBH
KORFFSDEICH 6 - 7
28217 BREMEN
TEL. 0421/396 86 33
FAX: 0421/396 86 35

1. AUFLAGE 1996

FOTOS: OLAF GOLLNEK, HAMBURG
TITEL / GESTALTUNG
UND PRODUKTION:
ARTFOUND, HAMBURG
SATZ: SIGRUN WILLERS
LITHOS: REPROCOLOR GMBH
DRUCK UND VERARBEITUNG: INTERDRUCK
GRAPHISCHER GROSSBETRIEB GMBH

PRINTED IN GERMANY

CIP-TITELAUFNAHME DER
DEUTSCHEN BILIOTHEK:
SASS, RAINER - KOCHBUCH
DIES UND DAS MIT RAINER SASS
RAINER SASS / ALTERA VERLAGS-
GESELLSCHAFT 1996

ISBN 3-930025-24-8

RAN UND WEG –
ABER MIT GESCHMACK!

HANS-JÜRGEN BÖRNER
»DAS!«-CHEF

»Dies, was Sie auf den folgenden Seiten lesen werden, ist anders. Es ist wie »Das!«, die Boulevard-Sendung auf N 3. Ohne große Einleitung, ohne viel Brimborium geht es zur Sache, kommt es auf den Punkt, genauer gesagt, auf den Teller. Das Richtige in unserer schnellebigen Zeit – ein Kochbuch mit den besten 65 Rezepten, die Rainer Sass, der Medienkoch, in zehn Jahren für den Hörfunk und in fünf Jahren für das Fernsehen erfunden, ausprobiert und vorgestellt hat.

Maximal zwei Minuten und dreißig Sekunden hat Rainer Sass bei NDR 2 Zeit für die Vorstellung seiner Kreationen. In der Boulevard-Sendung »Das!« kriegt er eine Minute mehr für Stories, Einkaufstips und grundlegende Informationen zum Thema »Kultur des Essens«. Die »leckeren, köstlich-traumhaften« (O-Ton Rainer Sass) Rezepte fordern zum Nachmachen heraus. Die zahlreichen Anforderungen in den Redaktionen beweisen es.

Sie, liebe Leserinnen und Leser, können es gleich selber überprüfen. Rainer Sass ist ein Profi, der bei seinen Vorbildern Witzigmann, Viehhauser und Wodarz in die Töpfe geguckt und daraus längst einen eigenen Stil erkocht hat.

Im übrigen ist dieses Vorwort in 33 Sekunden gelesen. Sie können gleich mit dem Nachkochen der Rezepte beginnen.

Guten Appetit!«

EMPFEHLUNGEN

CLAUDIA STERN
1991 ALS SOMMELIERE DES
JAHRES AUSGEZEICHNET

»Das Kombinieren von Wein & Speise gehört zu den einfachsten und zugleich schwierigsten Übungen der Kulinarik – je nach Anspruch. Einfach ist es, wenn man die Speise angenehm, aber nicht unbedingt perfekt begleitet haben will, denn es gibt Joker unter den Weinen, die sich nahezu jeder Speise anpassen.

Ich empfehle Ihnen, Ihre Weine im Fachgeschäft zu kaufen, wo Menschen für den Einkauf verantwortlich zeichnen, die Spaß am Wein haben und die Besonderheiten der Winzer kennen und absolute Qualitätsfanatiker sind«.

DER STOFF, AUS DEM DIE TRÄUME SIND

Die Sauce spielt eine wichtige Rolle in unserer Küche. Daß man dazu viel Zeit, etwas Arbeit und frische Produkte wie Knochen, Suppenbund und Gewürze braucht, scheint noch nicht jedem klar zu sein.

Denn erschreckenderweise greifen immer noch Leute zu Fertigtüten, Dosensaft und Pulverfond. Das muß nicht sein! Denn das Herstellen von Fond und Brühe ist eigentlich ein Kinderspiel. Und was gibt es Schöneres, als mit dem richtigen Getränk in der Küche zu sitzen, das Blubbern des Kalbsfond am Ohr und die Vorfreude einer traumhaften Sauce am Gaumen.

Fond – ungeahnte Möglichkeiten.

Im Kühlschrank aufbewahrt oder in alten Joghurtbechern tiefgefroren, ist er stets griffbereit und vollendet eine Hühnerbrust, ein Roastbeef oder ein gebratenes Rehfilet zu Hochgenuß.

Aber auch frische Gemüse in der Brühe gedünstet oder ein Fischfilet im eigenen Saft lassen nur erahnen, was für Möglichkeiten man mit frischen Fonds und Brühen hat.

BRAUNER GEFLÜGELFOND

2 kg Geflügelknochen,
Hälse und Mägen
2 Wurzeln
1 Stange Lauch
300 g Knollensellerie
1 Zwiebel
1 TL getr. Thymian
und Rosmarin
1 ungeschälte
Knoblauchzehe
10 Pfefferkörner
1 Lorbeerblatt
4 Wacholderbeeren
Öl zum Anbraten
0,7 l Rotwein
1 EL Tomatenmark
Wasser zum Aufgießen

Die Knochen fein hacken, Mägen von Fett befreien, Gemüse grob würfeln. In Olivenöl in einem großen Topf oder Bratreine anbraten, Gemüse zugeben und mit Tomatenmark leicht weiter rösten lassen. Mit Rotwein ablöschen und mit Wasser aufgießen, so daß die Knochen bedeckt sind. Sämtliche Gewürze zugeben.

Alles 2 Std. köcheln lassen. Dann durch ein Sieb passieren.

BRAUNER KALBSFOND

Zutaten wie beim braunen Geflügelfond, nur statt Geflügelknochen walnußgroße Kalbsknochen verwenden. Zusätzlich kann man noch etwas frische Kräuter, Petersilienstengel oder Kerbel dazu geben. Während der Kochzeit ständig den Schaum mit einer Kelle abheben.

Nach der Kochzeit von mindestens 2 Std. müssen alle Fonds durch ein feines Sieb, das mit einem Passier- oder Leinentuch ausgelegt ist, geseiht werden.

Die Fonds nicht salzen, da durch das Einkochen schon ein sehr würziges Aroma entsteht.

Einkochen der Fonds: Den Fond in eine Sauteuse geben und bei stärkster Hitze zur gewünschten Konsistenz einkochen lassen. Dabei den Fond immer wieder mit einem Schneebesen bewegen.

WILDFOND

2 kg Wildknochen, zerhackt
2 Wurzeln, 1 Stange Lauch
300 g Sellerie, 1 Zwiebel
3 frische Champignons,
geviertelt, 3 Nelken
1 EL Orangenschale
10 Wacholderbeeren
10 Pfefferkörner
0,7 l Rotwein
Côtes du Rhône, Chianti
Wasser zum Aufgießen

Zubereitung wie brauner Geflügelfond. Wer einen etwas deftigeren Geschmack möchte, gibt noch 50 g durchwachsenen Speck zum Fond.

Aufbewahren der Fonds: Die Fonds halten sich bedeckt eine Woche im Kühlschrank. Ich friere mir Fonds in kleinen Joghurtbechern portionsweise ein, so habe ich zur Hühnerbrust, Steak oder Wachtel immer eine traumhafte Sauce zur Hand.

ROTWEINSAUCE AUS KALB-, WILD- ODER GEFLÜGELFOND

¼ l Rotwein
(Chianti, Côte du Rhône
oder Bordeaux)
½ l Fond
2 EL Portwein
Salz
Pfeffer

Durch das Reduzieren bekommt der Fond eine gewisse sämige Konsistenz. Bei größeren Mengen muß man zur Bindung etwas Mehlbutter beigeben: Das Verhältnis der Mehlbutter ist 50 g Butter zu 20 g Mehl. Beides in einer kleinen Schüssel gut durchkneten und nach und nach in den Fond geben. Der Geschmack leidet ein wenig darunter, also den Fond etwas länger köcheln lassen, so daß der Mehlgeschmack kaum noch das Aroma stört.

FISCHFOND UND
SEINE SAUCEN

Die Fischgräten unter fließendem Wasser reinigen, Gemüse putzen, Champignons und Schalotte halbieren, in einen großen Topf geben. Pfefferkörner und Petersilie beigeben, Weißwein hinzufügen und mit Wasser aufgießen, so daß alle Zutaten bedeckt sind. Zum Kochen bringen, dann sofort die Platte auf kleinste Hitze schalten und 30 Min. köcheln lassen. Den auftretenden Schaum ständig abschöpfen – so bleibt der Fond klar.

Nach der Kochzeit den Fond durch ein feines Haarsieb gießen. Das Sieb muß unbedingt mit einem Leinen- oder Geschirrhandtuch ausgelegt sein – so bleiben alle Trübstoffe zurück. Den Fond dann auf einen ½ l einkochen lassen – mit Salz abschmecken und für die nachfolgenden Saucen gebrauchen.

1 kg Gräten von Seezunge, Steinbutt, Lachs, Zander, Seeteufel usw., kein Schwanzende, keine Köpfe
1 Tasse Weißwein, trocken
1 Suppenbund, geputzt, kleingeschnitten
5 Champignons, weiß, frisch
2 Zweige Petersilie
1 Lorbeerblatt
10 Pfefferkörner, möglichst weiß
1 Schalotte, halbiert

Schalotten-Weißweinsauce: Fischfond auf ⅓ der Flüssigkeit einkochen lassen. Schalotten in Butter glasig dünsten, mit dem eingekochten Fischfond ablöschen, Wein und Essig beigeben und noch etwas einkochen lassen. Dazu mit 2 EL Butter abschmecken, leicht salzen und servieren.

1 l Fischfond
3 Schalotten, klitzeklein geschnitten
½ Tasse Weißwein, trocken
einige Spritzer Weißweinessig
Butter

Schnittlauchsauce: Fischfond auf ⅓ der Flüssigkeit einkochen lassen. Schalotte und Knoblauch andünsten, mit Noilly Prat, Fischfond und Sahne angießen, etwas einköcheln lassen. Viel Schnittlauch beigeben und mit 1 - 3 EL Butter abschmecken. Eventuell etwas salzen oder einige Spritzer Zitrone dazu.

1 l Fischfond
½ Becher Sahne
1 Schalotte
1 Knoblauchzehe, klitzeklein geschnitten
2 EL Noilly Prat (franz. Vermouth)
1 Bund Schnittlauch
Salz, Butter, Zitrone

HÜHNERBRÜHE

1 Suppenhuhn, 1,5-2 kg
1 Suppenbund
1 Markknochen
1 Rinderknochen
1 Lorbeerblatt
10 Pfefferkörner
5 Wacholderbeeren
Petersilienstengel
etwas Grün von Sellerie

Aus dem Huhn, Knochen, Suppenbund und Gewürzen eine Brühe kochen. Alles mit kaltem Wasser angießen, dann einmal aufkochen lassen. Groben Schaum abschöpfen und bei kleiner Hitze mit geschlossenem Deckel 1 ½ Std. köcheln lassen. Durch das Kochen mit geschlossenem Deckel bleibt die Brühe klar.

SELLERIE- UND ERBSENSUPPE

SELLERIESUPPE

500 g Knollensellerie
150 g weichkochende
Kartoffeln
½ l Brühe
2 Scheiben Toastbrot
wer möchte:
½ Tasse süße Sahne
50 g Butter

ERBSENSUPPE

1 Packung
Tiefkühlerbsen, 450 g
1 Becher Sahne
1 Bund Minze, frisch
½ l Brühe
Prise Zucker
Salz
Hauch Pfeffer

Erbsen, Sellerie und Kartoffeln in einen Topf geben, mit Brühe und Butter garkochen. Sellerie-Kartoffeln: 15 Min., Erbsen: 5 Min. Dann mit einem Mixer passieren.

Bei Erbsensuppe noch die Sahne und gehackte Minze beigeben. Wer möchte: Bei Selleriesuppe ½ Tasse süße Sahne beifügen.

Die Suppen heiß servieren und zur Selleriesuppe noch ausgebratene Toastbrotwürfel geben. Dazu Toastbrot in Würfel schneiden und in einer Pfanne in Butter braun ausbraten. Die Selleriesuppe mit frischem Kerbel servieren, auf die Erbsensuppe paßt ein wenig grober Pfeffer.

Basis für beide Suppen: Hühnerbrühe

*Meine Lieblingsmoderatorin
vom NDR und Hilfskoch-Kollegin
Sabine Rossbach-Hesse nach
gelungener Arbeit bei
der Erbsensuppe – beachten Sie
bitte ihre Musiktips
auf Seite 131*

SALATE

Das Reizvolle an einem Salat sind die verschiedenen Aromen und Konsistenzen der verwendeten Zutaten. Und dazu noch einen Gleichklang aus Salat und Sauce zu finden – das ist die Kunst des Kochens oder die Freiheit der Fantasie.

Haben Sie keine Angst, Ihre eigenen Variationen von einer Marinade zu suchen, man braucht nur gutes Öl und Essig und den Mut zum Probieren. Meine aufgeführten Rezepte geben Ihnen dazu die Möglichkeit.

Oft brate ich mir kleine Brotwürfelchen in Olivenöl und serviere sie mit etwas angemachtem Feldsalat. Dazu beiße ich zwischendurch in ein krosses Mehrkornbrötchen – wer denkt da an Fertigmischung als Salatgenuß.

DIE VINAIGRETTES

2 EL Olivenöl
4 EL Balsamicoessig
2 Schalotten, klitzeklein
geschnitten
Fleisch von 1 Tomate,
enthäuten, entkernen und
in Würfel schneiden
10 Blätter frisches
Basilikum in Streifen

Mit Balsamicoessig: Öl und Essig verrühren, Tomaten und Schalottenwürfel dazugeben, wer möchte, mit frischem Basilikum verfeinern. Die Marinade eignet sich besonders gut zu bunten Salaten und Tomatensalat.

Kaltes Fleisch in hauchdünne Scheiben geschnitten, mit dieser Marinade beträufeln, köstlich!

2 EL Nußöl, Wal- oder
Haselnuß
4 EL Apfelessig oder
Apfelbalsam
10 Pfefferkörner,
schwarz, gemörst
½ EL Portwein
je nach Bedarf die
Zutaten erhöhen

Mit Apfelessig: Alle Zutaten verrühren und zum Schluß den gemörserten Pfeffer untermischen. Eine besonders liebliche Note bekommt die Marinade durch den Hauch Portwein.

Zu Feldsalat mit Nüssen, Selleriesalat oder Rucolasalat mit Parmesan, dann ohne Portwein.

1 EL Olivenöl
1 EL Traubenkernöl
3 EL Rotweinessig
1 TL Senf, grob -
mittelscharf
4 Pfefferkörner, gemörst
2 EL Brühe, wenn
vorhanden, sonst
1 EL Öl mehr

Mit Rotweinessig: Die Zutaten verrühren, Brühe zum Schluß beigeben. Wer möchte, gibt noch kleingehackte Petersilie oder der Schärfe wegen etwas Cayennepfeffer bei. Die Brühe gibt der Marinade den besonderen Pfiff, also möglichst ein Süppchen vor dem Salat servieren und davon 2 EL aufbewahren.

Zu Wurstsalaten, Linsensalat mit Speck oder bunten Salaten. Eventuell bei Wurstsalat die Menge verdoppeln, wer es etwas saftiger möchte.

SPAGHETTI-SALAT

500 g Spaghetti
20 Oliven, schwarz,
entkernt
Fleisch von 5 Tomaten,
gewürfelt
1 Bund Basilikum
1 Bund Petersilie,
glatte, gehackt
1 Paprikaschote, enthäutet,
gewürfelt
1 kl. Zucchino, in Streifen
geschnitten
3 Schalotten
3 Knoblauchzehen
insgesamt mindestens
1 Tasse Olivenöl
etwas Zitronensaft
wer möchte:
Balsamessig

Die Spaghetti al dente kochen, abschrecken und in eine Schüssel geben, mit etwas Olivenöl beträufeln und die Spaghetti leicht durchmassieren, so daß sie das Öl aufnehmen, auskühlen lassen.

Schalotten und Knoblauch in Olivenöl andünsten und 5-7 Min. köcheln lassen, mit Paprikaschoten, Olivenöl, Basilikum, Zucchino, Tomatenfleisch, Oliven und Petersilie zu den Spaghetti geben. Mit Salz und Pfeffer würzen. Eventuell noch mit etwas Zitrone oder Balsamessig würzen. Geschmeidig wird der Salat durch das Olivenöl – zum Schluß noch einen Schuß dazu.

✌ *Vernaccia di San Gimignano oder Sauvignon Blanc aus Kalifornien bringen großes Trink- und Eßvergnügen. Probieren Sie auch einmal einen Sancerre Rouge von einer guten Domäne.*

FELDSALAT MIT LINSEN UND KARTOFFELN

200 g Feldsalat
50 g Haushaltslinsen
4 Kartoffelknollen,
festkochend,
mittlere Größe
4 EL Olivenöl
2 EL Balsamessig
2 Eier, hartgekocht

Linsen 2 Std. einweichen und in Essig-Salz-Wasser gar kochen, max. 40 Min. – abgießen und lauwarm lassen. Kartoffeln in Scheiben schneiden und im Wasser gardünsten, lauwarm lassen. Feldsalat säubern und trocknen, Vinaigrette verrühren, Salat, Kartoffeln und Linsen vermengen, in eine Schüssel geben, Vinaigrette dazu und servieren. Mit einem halben gekochten Ei krönen und dazu Graubrot reichen.

✌ *Am besten gefallen mir dazu junge trockene Weißburgunder oder Weißherbste aus Baden, z.B. vom Weingut Heger .*

BOHNENSALAT

500 g Bohnen
200 g Schafkäse
Fleisch von 2 Tomaten
3 EL Balsamessig/
guter Sherry- oder
Weißweinessig
5 EL Olivenöl
Salz und Pfeffer
½ Bund Bohnenkraut

Bohnen putzen und in mundgerechte Stücke schneiden, in Salzwasser gar kochen, dann eiskalt abschrecken. Schafkäse würfeln, Tomaten enthäuten und entkernen, würfeln. Essig und Öl verrühren, salzen und pfeffern, Bohnen, Tomaten und Käse dazu. Mit Bohnenkraut bestreuen, durchziehen lassen.

Schmeckt ausgezeichnet zu Lammkotelett, Fladenbrot oder auch solo.

✌ *Ein Sauvignon Blanc ist zu den Bohnen immer eine gelungene Wahl. Aber auch ein Cru aus dem Beaujolais wie Fleurie oder Morgon paßt dazu.*

RUCOLASALAT MIT LYONER WURST UND SENF

2 Bund Rucolasalat
200 g Lyoner
oder Krakauer Wurst,
in dünnen Scheiben
3 EL Olivenöl
1 EL Weißweinessig
1 TL groben Senf
(Kräutermischung)
oder scharf:
4 Knoblauchzehen
2 Schalotten

Salat säubern und trocknen. Wurst in dünne Scheiben schneiden. In Butter von beiden Seiten golbraun braten. Marinade: Olivenöl, Weißweinessig (auf 3 EL Öl 1 EL Essig) mit grobem Senf (Kräutermischung) verrühren.

Wer möchte, gibt noch Schalotten und Knoblauch dazu. Salat auf dem Teller plazieren, Wurst und Marinade dazu, kleingehackte Petersilie über den Salat streuen und mit Baguette servieren.

✌ *Die perfekten Begleiter zum Senf sind Chardonnays aus Chablis und aus Burgund. Probieren Sie aber auch mal die südtiroler und steirischen Chardonnays dazu. Vorsicht bei eichenholzbetonten Chardonnays. Diese würden den feinen Nußton des Rucolas unterdrücken.*

VORSPEISEN - ODER ETWAS VORNEWEG

Vorspeisen – das sollen kleine Appetitanreger vor dem Hauptgang sein. Sie können in großen Mengen zubereitet auch als Zwischenmahlzeit dienen.

Ich habe Vorspeisen mit schneller Zubereitungszeit gewählt und somit auf eine ellenlange Zutatenliste verzichtet. Halten Sie sich im übrigen nicht auf Krampf an die gesamten Zutaten, sondern variieren Sie ein bißchen – so macht Kochen Spaß!

Bei kulinarischen Expeditionen beginnt mein Vorspeisentag so etwa gegen 11 – 11.30 Uhr, dann nehme ich gerne schon 'mal als kleinen Magenkratzler ein Lachstatar auf Vollkornbrot oder ein Crêpes aus der Hand. Das ist dann meine Grundlage für ein ausgiebiges Mittagsmenü.

Für Sie ein Tip, wenn Gäste kommen: Mehrere Vorspeisen als Minibüfett zur Mittagszeit – man hat geschmacklichen Kontrast und mehr Zeit für die Getränke.

LACHSTATAR
MIT MELONE

400 g frischen Lachs
3 EL Olivenöl
2 Schalotten
Saft von ½ Zitrone
½ Bund glatte Petersilie
20 gemörste Pfefferkörner
grobes Salz
1 Honigmelone

Den frischen Lachs in kleine Würfel schneiden und in eine Schüssel geben. Die Schalotten in klitzekleine Würfelchen schneiden, das geht mit einem sehr scharfen Messer kinderleicht, und zum Lachs geben. Alles gut vermengen, Olivenöl, Zitronensaft und gehackte Petersilie beigeben. Nun in einem Mörser 20 schwarze Pfefferkörner zerkleinern und mit grobem Meersalz zum Lachs geben. Wer es jetzt noch etwas säuerlicher möchte, würzt mit Zitronensaft.

Für die Melonenkugeln einfach mit einem Kugelausstecher das Fleisch der Melone herauskratzen und zum Lachstatar servieren. Wer möchte, ißt geröstetes, mit etwas Olivenöl beträufeltes Weiß- oder Toastbrot dazu.

✌ *Dies ist ein perfektes Champagnergericht. Trinken Sie doch einfach eine Flasche Blanc de Blancs (100% Chardonnay) dazu. Oder wählen Sie einen Weißburgunder Sekt mit traditioneller Flaschengärung. Als Wein bietet sich ein nicht allzu mineralischer Riesling an.*

GEFÜLLTE ZWIEBELN
MIT BALSAMESSIG-SAUCE

Die Zwiebeln schälen, eine Kappe abschneiden und mit einem scharfen Messer oder einem Kugelausstecher aushöhlen. Für die Füllung das durchgedrehte Putenfleisch und den Schinken mit den Gewürzen vermengen und ein Ei dazu, mit Salz und Pfeffer kräftig abschmecken.

Die Füllmasse kann statt mit Thymian und Rosmarin auch mit Estragon oder Salbei gewürzt werden, je nach Geschmack. Sie können natürlich auch eine scharfe Würzung vornehmen, vielleicht mit Chili und klitzekleinen Paprikawürfeln. Nun die gefüllten Zwiebeln in eine Auflaufform setzen, mit etwas geriebenem Toastbrot bestreuen und mit braunem Geflügelfond angießen, so daß sie halb bedeckt sind.

Die Form in den auf 220° C vorgeheizten Backofen geben und vorher die Zwiebeln mit etwas Olivenöl begießen. Die Garzeit beträgt mindestens 35 Min. Die Zwiebeln müssen leicht gebräunt sein und bißfest. Vorher mehrmals mit einer Gabel testen. Nach der Garzeit die Sauce durch ein Sieb passieren und in einen Stieltopf geben, mit Balsamessig vermengen und zu einer sämigen Konsistenz einkochen lassen. Dann die Zwiebeln auf Kartoffelpüree servieren und mit der Sauce übergießen.

✌ *Die süße Seite der Zwiebel könnte man mit einem Sauvignon oder Tocai Friulano hervorheben. Besser paßt jedoch ein Rotwein - doch Achtung vor den harten Tanninen, die heben die würzig-bittere Seite unangenehm hervor. Besser passen frucht-charmante Jungweine.*

10 Haushaltszwiebeln
300 g Putenfleisch
1 Scheibe gekochten Schinken
1 l braunen Geflügelfond
2 EL Zwiebeln, kleingehackt
½ EL Thymian, getrocknet
½ EL Rosmarin, getrocknet
1 Ei
Petersilie
1 Knoblauchzehe
Pfeffer
geriebenes Toastbrot oder Semmelbrösel
Balsamessig, pro Zwiebel 1 EL
(0,5 l guter Balsamessig kostet 8,- bis 10,- DM)
Olivenöl

SAFRANIERTE LAUCHSUPPE MIT BLÄTTERTEIG

*6 Stangen Lauch,
nur das Weiße
1 Zwiebel
1 Becher Sahne
2 Kapseln Safran,
gemahlen
1 Päckchen Blätterteig,
tiefgefroren
2 Eigelb
1 l Hühnerbrühe
Salz, Zucker
Butter*

Das Weiße vom Lauch in Scheiben, die Zwiebel in Würfel schneiden. In Butter andünsten, mit einer Prise Salz und Zucker würzen und mit Brühe aufgießen. 15 Min. bei mittlerer Hitze gar dünsten, dann Sahne und Safran dazugeben und mit einem Mixstab aufmixen.

Den Blätterteig ausrollen, Suppe in eine Suppentasse mit hohem Rand geben, mit Blätterteig belegen und an den Rändern mit Eigelb verschließen. Nun noch Eigelb auf die Blätterteighaube geben und für 15 Min. bei 200° C in den Backofen schieben.

Der Teig geht auf, die Kruste wird wunderschön braun, das Aroma von Lauch, Safran, Sahne und Brühe kommt voll zur Geltung.

Basis für die Lauchsuppe: Brühe (S. 14)

✌ *Zu Safran und Lauch passen hervorragend die weißen Graves-Weine (Sauvignon, Sémillon, Muscadelle). Lieblingsweine sind außerdem Pouilly-Fuissé vom Château de Fuissé aus dem Süden Burgunds und der Grauburgunder Barrique von Johner in Baden.*

GEMÜSE
INDISCH-ASIATISCH

2 Auberginen
2 Zucchini
je 2 Paprikaschoten rot,
gelb, grün, wenn möglich
aus der Türkei oder Italien
1 Bund Frühlingszwiebeln
Tomatenfleisch von
4 frischen Tomaten
20 Okraschoten
2 Chilischoten, scharf
1 Bund glatte Petersilie

GEWÜRZE

1 TL Koriander,
1 TL Fenchelsamen,
1 TL Piment, gemörsert
1 TL Curry
(Madagaskar-Curry)
½ EL Chilipulver,
je nach Bedarf
3 Kapseln Safran
1 EL Tomatenmark
0,2 l Hühnerbrühe
Limonensaft von 1 Limone
Traubenkernöl, Nußöl
etwas Salz
150 g Pinienkerne,
leicht geröstet
Basmati- und Wildreis,
je nach Bedarf

Okraschoten vom Blütensatz befreien und in kochendem Essigwasser 3-4 Min. blanchieren, dann in kaltem Wasser abschrecken. Tomaten enthäuten, entkernen und vierteln, Petersilie hacken, Paprikaschoten schälen, Kerne entfernen und in mundgerechte Stücke schneiden. Auberginen und Zucchini in Stücke schneiden. Chilischoten säubern und klitzeklein schneiden. Je nach Schärfe 2 bis 4 Stück. Fenchelsamen, Korianderkörner und Pimentkörner mörsern.

Nun die Gemüse in einem großen Topf mit 3 EL Traubenkernöl auf 1 EL Nußöl andünsten. Mit den Gewürzen, der Brühe und dem Tomatenmark bei geschlossenem Deckel 15 Minuten köcheln lassen. Die Pinienkerne in Traubenkernöl leicht anrösten und zum Gemüse geben.

Basmati-Reis aus Thailand und Wildreis in Salzwasser aufsetzen, einmal aufkochen und bei kleinster Hitze und geschlossenem Deckel ziehen lassen (Basmati-Reis 20 Min., Wildreis 40 Min.). Wildreis ist in der Regel unsauber, und man sollte das Kochwasser mindestens einmal wechseln.

✌ *Bei diesem Gericht haben wir eine Vielzahl von Zutaten, die jede für sich eine eigene Weinempfehlung erfordern würde. Als goldenen Mittelweg schlage ich einen Chardonnay aus der neuen »Weinwelt« vor (Kalifornien, Australien, Südafrika).*

SOLEIER

Die Eier hart kochen, auskühlen lassen und leicht die Schale anschlagen. Wasser und Weißweinessig zusammen mit den Gewürzen bei mittlerer Hitze 5-7 Min. kochen lassen, dann ausgekühlt über die Eier gießen, die bereits in einem Glas liegen – logisch!

Die Eier sollten mindestens 4 Tage in der Marinade liegen! Der Eßgenuß von Soleiern ist einfach wie köstlich. Für die Sauce die Zutaten verrühren und über die halbierten und geschälten Eier geben. Wer es noch aufwendiger möchte, der halbiert die Eier, höhlt das Eigelb vorsichtig aus, gibt die Sauce in die Aushöhlung, das Eigelb wieder rein – fertig.

🐰 *Hierzu passen fruchtmilde junge Rotweine und säurearme duftige Weißweine. Klassischer Chianti, Dolcetto und südfranzösische Rotweine wie Coteaux d'Aix-en-Provence schmecken sehr gut dazu. Sauvignon Blanc und Verduzzo aus dem Friaul sind eine willkommene Ergänzung, und bei den deutschen Weinen passen trockener Müller-Thurgau (Rivaner) und leichte Weißburgunder dazu.*

10 Eier, ½ l Wasser
½ l Weißweinessig
2 Schalotten,
geschält, halbiert
braune Schale von
2 Zwiebeln, 1 Chilischote
2 Knoblauchzehen
1 TL getr. Thymian
1 TL getr. Rosmarin
5 EL Salz

FÜR DIE MARINADE

1 EL Senf, scharf
4 Spritzer Tabasco
1 EL Olivenöl
3 EL Chilisauce
oder 2 EL Ketchup

HÜHNERLEBERMUS

300 g Hühnerleber
das Weiße von 2
Frühlingszwiebeln
3 Knoblauchzehen
10 Salbeiblätter, frisch
1 EL Olivenöl
Salz
Pfeffer
10 Kapern
0,1 l trockener
Weißwein

Die Leber in Würfel schneiden und mit den kleingeschnittenen Frühlingszwiebeln, Knoblauch und Salbeiblättern, in Olivenöl andünsten. Kapern beigeben, etwas pfeffern und mit Weißwein ablöschen. Alles bei mittlerer Hitze 5 Min. gar dünsten, die Leber muß innen noch rosa sein. Danach leicht auskühlen lassen und mit einem Mixstab zu einem groben Mus verarbeiten. Serviert wird dieses köstliche Hühnerlebermus auf in Olivenöl gebratenen Weißbrotscheiben.

✌ *Champagner oder Weißburgunder-Sekt brut, z.B. vom Schloß Reinhartshausen. Oder Sie probieren eine reife Riesling Auslese, die nicht zu trocken ausgebaut ist – Sie werden begeistert sein!*

GEFÜLLTE KIRSCHTOMATEN

30 Kirschtomaten
1 Paprikaschote, rot, geschält
2 Schalotten, klitzeklein
1 Bund Schnittlauch
2 EL Olivenöl
1 Pak. Frischkäse, 250 g
2 EL Sahne, Salz, Pfeffer

Die Tomaten aushöhlen und leicht salzen. Die Zutaten Paprika, Schnittlauch und Schalotten mit dem Frischkäse verrühren. Etwas Sahne und Olivenöl beigeben, damit die Masse geschmeidig wird. Mit Salz und Pfeffer würzen und die Tomaten damit füllen.

HÄHNCHENSPIESSE

Hähnchenfleisch
aus der Brust
Cayennepfeffer
Salz
Olivenöl zum Braten

Die Hähnchenbrustfilets in 4 cm große, lange Streifen schneiden und auf einen Schaschlikspieß aufstecken. Mit Cayennepfeffer und Salz würzen und in einer Pfanne in Olivenöl ganz kurz, aber scharf anbraten, höchstens 3 Min.! Danach heiß servieren.

✌ *Champagner oder Cava, auch ein Sancerre von Jean-Max Roger von der Loire paßt gut.*

GEFÜLLTE CRÊPES

TEIG
125 g Mehl, 1 Ei,
¹/₄ l Milch, Prise Salz
Prise Backpulver
Butter oder -schmalz

FÜLLUNG MIT
CHAMPIGNONS
250 g frische Champignons
3 Schalotten
100 g durchwachsenen
Speck
1 Bund Petersilie
1 Becher süße Sahne
Olivenöl zum Anbraten
Saft einer ¹/₂ Zitrone

Teig: Die Zutaten verrühren und mindestens 20 Min. quellen lassen. Der Teig sollte dann eine flüssige Konsistenz haben und leicht von der Schöpfkelle laufen.

Füllung mit Champignons: Die Pilze mit einem feuchten Tuch säubern und in Scheiben schneiden. Die Schalotten würfeln und den Speck in Streifen schneiden. Champignons in Olivenöl andünsten, Schalotten und Speck beigeben und alles glasig werden lassen. Dann mit Sahne ablöschen. Mit Zitronensaft, Salz und Pfeffer abschmecken und einkochen lassen, so daß eine sämige Sauce entsteht. Zum Schluß frische Petersilie beigeben.

FÜLLUNG MIT
MANGOLDGEMÜSE
1 Staude Mangold,
mindestens 400 g
Saft einer ¹/₂ Zitrone
2 Schalotten oder
1 Zwiebel
Tomatenfleisch von 5
entkernten Dosentomaten
2 Knoblauchzehen,
durchgepreßt
1 EL Tomatenmark
Salz, Pfeffer
Olivenöl und etwas
Weißwein oder Brühe
Safran nach Wunsch

Füllung mit Mangoldgemüse: Den Mangold ohne Strünke kleinhacken, säubern und in Olivenöl andünsten. Die kleingeschnittenen Schalotten und den durchgepreßten Knoblauch beigeben. Mit etwas Weißwein ablöschen und bei kleiner Flamme mit dem Tomatenfleisch, Tomatenmark, Pfeffer, Salz und Zitronensaft 10-15 Min. köcheln lassen.

Auf die Mengenangabe der Gewürze kommt es nicht genau an. Wer möchte, nimmt etwas mehr Zitronensaft oder der Schärfe wegen reichlich Pfeffer. Statt mit Weißwein kann man das Gemüse auch mit Brühe abgießen.

✌ *Hier sind die »Gemüseweine« Silvaner, Müller-Thurgau, Gutedel, Soave, Bianco di Custoza, Sauvignon blanc und die leckeren trockenen Roséweine anregende Begleiter.*

LACHSPFANNKUCHEN MIT KRÄUTERCREME

Aus Milch, Mehl und Eiern einen geschmeidigen Teig rühren, etwas Backpulver und Salz dazugeben und 20 Min. ruhen lassen.

Die Kräuter hacken, Joghurt, Crème fraîche und Knoblauch dazugeben und verrühren. Mit etwas Salz und Zitronensaft oder Olivenöl abschmecken. Man kann auch noch angedünstete Schalotten unter die Creme rühren, sehr lecker!

Das Lachsfilet in dünne Scheiben schneiden, leicht salzen und pfeffern. Teig in eine Pfanne geben, die Lachsstreifen drauflegen, etwas Teig darüber und von beiden Seiten ausbacken. Mit der Creme und zusätzlichen ganzen Kräuterblättern servieren.

✌ *Wichtig ist hierbei, daß Sie keine »Alkoholbomben« auswählen, da diese die fischig-tranige Seite des Lachses betonen. Wählen Sie deshalb einen Gavi del Gavi, Weißburgunder oder einen Pinot Grigio aus dem Friaul.*

PFANNKUCHEN

150 g Mehl
3 Eier
¼ l Milch
200 g Lachsfilet ohne Haut und Gräten

KRÄUTERCREME

Frische Kräuter:
Basilikum, Schnittlauch, Kerbel, Thymian, Rosmarin etc.
1 Becher Magermilchjoghurt
1 Becher Crème fraîche
2 EL süße Sahne
2 EL Olivenöl
5 Knoblauchzehen, durchgepreßt
Zitronensaft
Salz

FISCH, FISCH UND FISCH

Ich esse sehr viel Fisch, wenn möglich, zwei- bis dreimal die Woche. Er gehört zu den wichtigsten Nahrungsmitteln, die es gibt, liefert Vitamine und Jod und gehört damit zur ausgewogenen Ernährung. Die Einkaufs- möglichkeiten waren noch nie so umfangreich, selbst Supermärkte führen Frischfischtheken.

Wenn ich zum Fischeinkauf nach Hemmoor fahre, wo es den wohl besten Saibling Deutschlands gibt, läuft mir schon im Auto das Wasser im Munde zusammen, wenn ich an den frisch geräucherten Saibling von Herrn Pöpke denke. Die verputze ich manchmal schon stückchenweise auf der Rücktour.

Also gönnen auch Sie sich einen Hochgenuß, die Fischrezepte sind aus der Abteilung »Küche für Jedermann«.

SPAGHETTI
MIT SCAMPIS

*1 Päckchen
Spaghetti (500 g)
8 Scampis oder
Riesengarnelen, pro
Person und je nach Größe
3 Knoblauchzehen,
durchgedrückt
5 schwarze Oliven,
pro Person
4 EL Olivenöl
2 Schalotten, klitzeklein
geschnitten
0,2 l Fischfond oder Brühe
1 Chilischote oder mehr
nach Geschmack
Tomatenfleisch von
8 Dosentomaten, entkernt,
ohne Saft und
kleingeschnitten
1 EL Thymian, getrocknet
1 EL Rosmarin, getrocknet
2 Lorbeerblätter,
klitzeklein geschnitten*

Die Nudeln bißfest (al dente) kochen, während der Kochzeit ständig kontrollieren. Das Kochwasser muß stark gesalzen sein und: einen großen Topf benutzen – wichtig!

Knoblauch, Schalotten, Chilischoten in Olivenöl glasig dünsten. Dann das Tomatenfleisch mit den Gewürzen Rosmarin, Thymian, Lorbeer und Oliven beigeben. In diesem Sud die gewaschenen und vom Darm befreiten Scampis geben und alles zu einer sämigen Sauce köcheln lassen. Eventuell etwas Olivenöl dazugeben. Fischfond oder Fleischbrühe beigeben und erneut 3-5 Min. gut vermengt köcheln lassen. In diese Sauce kommen die Nudeln.

Alles gut vermengen und mit Petersilie oder frischem Basilikum bestreuen. Nach dem Hereingeben der Scampis in die Sauce darf diese höchstens mit der Brühe 5 Min. köcheln, sonst werden die Scampis hart. Scampis erst nach dem Andünsten salzen.

Wer möchte, bestreut den fertigen Nudelteller noch mit frischem Parmesankäse.

✌ *Mittelschwere Weißweine mit nicht zu spitzer Säure sind hier die besten Begleiter. Wählen Sie einen Cru-Soave oder einen Tocai Friulano. Auch Weiß- und Grauburgunder sind tolle Begleiter zu diesem Gericht.*

GEDÜNSTETER SAIBLING
AUF FENCHELGEMÜSE

Fenchel putzen, waschen und in Streifen schneiden. Champignons mit einem feuchten Handtuch säubern und in Scheiben schneiden. Beides in Olivenöl gar dünsten, Petersilie beigeben, etwas Brühe und garziehen lassen. Mit Salz und Pfeffer abschmecken und mit dem gehackten Fenchelkraut bestreuen. Fischfilet salzen und pfeffern und in Olivenöl in einer beschichteten Pfanne von beiden Seiten 2-3 Min. leicht braten. Der Fisch muß innen leicht glasig sein. Auf dem Fenchel-Champignon-Gemüse servieren.

Idealer Begleiter ist Kartoffelpüree mit einem Hauch Olivenöl.

Ribolla aus dem Friaul und ganz frische Fino-Sherrys bieten eine besonders gute Harmonie mit dem anisähnlichen Geschmack des Fenchels.

1 Knolle Fenchel
200 g weiße Champignons
1 Bund glatte Petersilie
Olivenöl
Salz
Pfeffer
Saiblingsfilet –
Filet von der Forelle

SAIBLING IM BLÄTTERTEIG

300-400 g
schweres Saiblingfilet
1 Staude Mangold
1 Pack. Blätterteig,
tiefgefroren
1 Eigelb
Salz
Pfeffer
Zitrone

FARCE

200 g Saiblingsfleisch,
(Bauchlappen)
150 g süße Sahne
50 g Crème fraîche
Zitrone
Salz
Cayennepfeffer nach
Geschmack

SAUCE

0,4 l Fischfond
0,1 l Champagner
2 Schalotten
50 g Butter

Saiblingsfilets von Gräten und Haut befreien. Die groben Strünke von den Mangoldblättern entfernen und sie in kochendem Salzwasser blanchieren.

Blätterteig ausrollen – nicht zu dünn! – und mit den trocken getupften Mangoldblättern belegen. Mit der Farce bestreichen und das Saiblingsfilet darauflegen, aufs Filet erneut etwas Farce geben und mit Mangold und Blätterteig einschlagen. Das Filet sollte etwa 1.5 cm dick mit Farce bestrichen sein. Die Kanten vom Blätterteig-Fischpaket mit Eigelb einstreichen und verschließen. Vom restlichen Blätterteig Dekostücke formen, das gesamte Paket belegen und bepinseln. So bildet sich eine schöne knusprige Teighülle.

Backzeit im 180° C heißen Ofen: 15 Min. Dabei den Blätterteig leicht mit der Gabel einstechen, er geht dann besser auf – aber vorsichtig. Für die Farce die Zutaten in einer Moulinett zerkleinern. Darauf achten, daß alle Zutaten (Fisch und Sahne) eiskalt sind. Die Farce kräftig mit Salz, Zitrone und mit Cayennepfeffer abschmecken.

Die Herstellung der Sauce ist relativ einfach: Schalotten in feinste Würfelchen schneiden, mit Fischfond und Champagner aufgießen, einkochen lassen und mit kalter Butter binden. Wer möchte, verfeinert mit Créme fraîche und passiert alles durch ein Sieb.

✌ *Der Saibling bietet die Gelegenheit, eine gute Flasche Champagner oder Spumante zu öffnen. Probieren Sie einmal den extra trockenen Spumante von Bruno Giacosa.*

42

FELDSPINAT MIT ROTBARSCHFILET

*1 kg Feldspinat
aus Italien
1 Zwiebel, klitzeklein
geschnitten
4 Knoblauchzehen,
durchgepreßt
4 EL Olivenöl
1 Prise Meersalz
frischer Pfeffer
4 Rotbarschfilets
Kartoffeln*

Den Feldspinat unter fließendem Wasser säubern und trockenschleudern. Danach die Hauptstrünke entfernen, so daß nur die Blätter übrigbleiben, welche man dann mundgerecht kleinhackt. Dann den Spinat mit einer kleingeschnittenen Zwiebel und ausgedrücktem oder kleingehacktem frischen Knoblauch mit Olivenöl in der Pfanne anschwitzen. Achtung: Der Vorgang des Anschwitzens darf höchstens 3 - 3 ½ Min. andauern, sonst zerfällt der Spinat. Nun noch etwas Olivenöl und Salz hinzugeben, schon ist der Spinat fertig. Bitte warmstellen!

Jetzt die Rotbarschfilets von eventuellen Gräten befreien, salzen, pfeffern und mit Zitrone beträufeln. Unpaniert in einer beschichteten Pfanne mit Butter von beiden Seiten höchstens 3 Min. braten.

Mit Feldspinat servieren.

✌ *Zu diesem Gericht ist es besonders wichtig, daß Sie keine Barrique-Weine wählen. Denn die Eichenholzaromen würden den Spinat bitter schmecken lassen und das Gericht übertönen. Entscheiden Sie sich daher für junge trockene Weißweine wie Bourgogne Aligoté, Steirischer Morillon (Chardonnay) oder Silvaner aus Franken. Auch mit leichten Weiß- oder Grauburgundern aus Baden findet sich ein schöner Einklang.*

KABELJAU AUF FENCHEL-CHAMPIGNON-GEMÜSE

Kabeljau vom Fischhändler in Scheiben schneiden lassen, ca. 180 g pro Person. Die Scheiben säubern, salzen und mit etwas Pfeffer und Zitrone würzen. Fenchel vom harten Strunk befreien, mit Frühlingszwiebeln und Champignons in feine Streifen schneiden und mit gehackter Petersilie in einer Pfanne mit hohem Rand die Gemüse mit Butter andünsten, etwas Fischfond dazu und vorerst ohne Fisch 5-8 Min. garen lassen. Dann den Fisch dazu, restlichen Fischfond aufgießen und bei geschlossenem Deckel und mittlerer Hitze 5-8 Min. leicht ziehen lassen. Die Garzeit richtet sich nach der Dicke der Tranchen, also mit dem Finger eine Garprobe machen. Der Fisch muß leicht nachgeben, dann ist er innen glasig und saftig. Mit einer neuen Kartoffel servieren.

Wer möchte, würzt das Gemüse noch zusätzlich mit Cayennepfeffer, Zitrone oder Krabbenfleisch. Das Krabbenfleisch bitte erst die letzten 3 Min. mitköcheln lassen.

✌ *Der Blanc de Blancs von den Domänen Ott ist ein superber Begleiter.*

4 Scheiben Kabeljau-Tranchen á 180 g
1 Fenchelknolle
20 frische, weiße Champignons
1 Bund Frühlingszwiebeln
½ l Fischfond
1 EL Butter
Salz
Pfeffer
1 Bund Petersilie
½ Zitrone
Riesling
neue Kartoffeln
wer möchte:
Krabben
Cayennepfeffer

LACHS ASIATISCH
SÜSS-SAUER

300 g frischen Lachs
1 Bund Frühlingszwiebeln,
nur das Weiße und
Hellgrüne
2 Karotten in Streifen
1 Fenchelknolle in Streifen
8 weiße Champignons in
Streifen
10-12 Zuckerschoten
1 walnußgroßes Stück
Ingwer, klitzeklein
1 Schalotte, klitzeklein
½ TL Zucker
1 EL Sojasauce
1 EL Chilisauce
3-4 EL Sesamöl, wenn
nötig mehr
0,2 l Fischfond oder
Hühnerbrühe
Saft einer ½ Limone
1 EL Weißweinessig
Basmati-Reis
Reisschnaps

Frischen Lachs ohne Haut als Filet kaufen. In 2-3 cm dicke Streifen schneiden, die Streifen sollten die Größe einer Zuckerschote haben, etwas salzen. Das Gemüse säubern und in feinste Streifen schneiden, da das Auge mit ißt, alle gleich groß. Die Gewürze Ingwer, Knoblauch und Schalotte in kleinste Würfelchen schneiden.

<u>Vor dem Kochbeginn unbedingt alle Zutaten in Reichweite des Wok stellen.</u> Flaschen vorher öffnen und Gläser bereitstellen, denn der Kochvorgang darf höchstens 3-4 Min. betragen, sonst fällt der Lachs auseinander. Nun Sesamöl im Wok oder der Pfanne mit hohem Rand erhitzen bis es leicht raucht. Erst den Lachs beigeben, dann Gemüse und Gewürze hinzu. Die Zutaten ständig mit einem Löffel bewegen. Zum Schluß Fischfond oder Brühe beigeben, mit Limonensaft und etwas Essig oder Reisschnaps abschmecken und mit Basmati-Reis servieren.

Wer es scharf möchte, würzt mit Chilischoten zusätzlich oder nimmt die doppelte Menge Chilisauce. Die Lachsstreifen nur leicht salzen, da die Sojasauce recht kräftig ist.

✌ Barrique-Chardonnays, Gewürztraminer aus dem Elsaß, Riesling Auslesen, nicht trocken, Weißburgunder Spätlesen, z.B. von Knipser, Bergdolt oder Philippi aus der Pfalz, sind die Weine, die genügend Kraft haben, um die Vielfalt der Zutaten zu begleiten und gar zum erst perfekten Eßerlebnis zu machen. Auch die weißen Graves-Weine kann man zu dieser Liste noch ergänzen.

FISCHEINTOPF

2 kg Frischfisch, z.B.
Lachs, Butt, Steinbutt,
Rotbarschfilet, Seeforelle
5 Fleischtomaten,
San Marzano-Qualität,
aus der Dose,
von Strünken und
Kernen befreit
1 Fenchelknolle in Streifen
4 Kapseln Safran
3 EL Vermouth
1 Zwiebel, in Lamellen
geschnitten
3 Möhren, in Streifen
10 frische Champignons,
in Streifen
Salz
Pfeffer

FOND
Fischgräten und Köpfe
vom Frischfisch,
zusätzliche Köpfe und
Gräten vom Edelfisch
1 Suppenbund,
kleingeschnitten
10 Pfefferkörner
1 Lorbeerblatt
1 Zwiebel, angebrannt
etwa 0,1 l Weißwein

Der Fischeintopf lebt von der Vielfalt der verwendeten Fische. Wenn Sie Lachs, Butt, Steinbutt und Rotbarsch bekommen, steht dem Genuß nichts mehr im Wege. Aber auch Seeteufel oder Knurrhahn sind ideale Suppenfische.

Die ganzen Fische filetieren, von der Haut befreien und in mundgerechte Stücke schneiden. Zuerst aus den Gräten, Fischköpfen und einem Suppenbund mit Gewürzen einen Sud kochen. Dazu die Zutaten in einen Topf geben, mit Wasser und Wein aufgießen und 30-35 Min. bei kleiner Hitze und geschlossenem Deckel köcheln lassen. So bleibt der Fond klar und schmeckt konzentrierter. Diesen Fond durch ein Sieb passieren und um $1/3$ einkochen lassen. Nun die Fischstücke, es müssen mindestens 800 g sein, und die Gewürze, Fenchel, Zwiebel, Champignons und Wurzeln in den Fond geben. Fleischtomaten dazu, Safran, etwas Vermouth, Salz und Pfeffer.

Die Garzeit für Gemüse und Fischfilet beträgt höchstens 10 Min.

Mit Salz und Pfeffer abschmecken, Petersilie darüber und servieren. Wer möchte, gibt etwas Olivenöl dazu – traumhaft.

✌ *Das Gericht braucht große weiße Burgunder! Ob Meursault, Puligny-Montrachet oder gar Corton-Charlemagne, Chablis von Dauvissat – diese Chardonnays bringen hierzu Freude.*

Großartig finde ich die Rieslinge Clos St. Hune oder Frèderic Emile von Trimbach. Aber reif müssen sie sein, dann wird es ein geniales Wechselspiel der Aromen.

SCHOLLENFILETS MIT LIMONEN- ODER KRÄUTERSAUCE

Schollenfilets salzen und etwas pfeffern, mit Zitrone säuern. Für die Limonenvariation: Jede Seite 1 Min. bei mittlerer Hitze in Butter braten – Vorsicht beim Wenden! Ideal ist eine beschichtete Pfanne. Für die Kräuterversion statt Butter Olivenöl nehmen.

Schollenfilets,
mind. 2 pro Person
Salz, Pfeffer
Zitrone
Butter und Olivenöl
zum Anbraten

Limonensauce: Mit einem scharfen Messer die Haut bis auf das Fruchtfleisch entfernen, Filet auslösen. Von der abgeschnittenen Haut das Weiße entfernen und kurz in heißem Wasser ankochen (blanchieren), dann in feine Streifen schneiden. Fischfond und Sahne verrühren und etwas einkochen lassen, mit Vermouth, etwas Limonensaft und Salz abschmecken. Dann die Filets und Streifen beigeben, über die Schollenfilets geben und mit Bandnudeln servieren. Die Sauce und Bandnudeln mit Butter, die Menge je nach Geschmack, verfeinern.

LIMONENSAUCE
Fleisch und Schale von 2
Limonen
1 Becher süße Sahne
2 EL Noilly Prat
(franz. Vermouth)
oder Martini, weiß,
2 EL Limonensaft,
trocken geht auch
0,2 l Fischfond

✌ *Muscadet sur lie oder auch Entre-Deux-Mers bringen Spaß zu diesem Gericht.*

Kräutersauce: Schalotten und Knoblauch in Olivenöl andünsten. Mit Fischfond aufgießen, Crème fraîche dazu. Alles etwas einkochen lassen, dann Tomatenfleisch und Petersilie beigeben. Mit Salz und Zitrone abschmecken. Zum Schluß erst Schnittlauch dazu und über die Filets geben. Dazu ofenfrische Baguettes oder Salzkartoffeln servieren.

KRÄUTERSAUCE
2 Schalotten, klitzeklein
geschnitten
1 Knoblauchzehe,
durchgepreßt
Fleisch von 2 Tomaten
1 Becher Crème fraîche
2 EL gehackte grobe
Petersilie
2 EL Schnittlauch
Olivenöl zum Andünsten
0,2 l Fischfond

✌ *Hierzu gehört ein rassiger Sauvignon Blanc oder auch ein Savennières von der Loire.*

Beide Saucen wollen eine sämige Konsistenz haben, also 10-15 Min. köcheln lassen oder die Saucen mit etwas eiskalter Butter binden.

MATJES MIT FRÜHLINGS-ZWIEBELN, GEWÜRZGURKE UND TOMATENFLEISCH

1 Bund Frühlingszwiebeln 4 Gewürzgurken, klitzekleine Würfel Tomatenfleisch von 6 Tomaten 8 Matjesfilets, pro Person 2 Stück

Frühlingszwiebeln säubern und das dunkle Grün entfernen, in feine Scheiben schneiden. Mit einem schön scharfen Messer geht das am Besten.

Tomaten enthäuten (mit dem Sparschäler), entkernen und das Fleisch sowie die Gewürzgurke fein würfeln.

Matjesfilets auf einem Teller plazieren und die Gemüse – nicht vermengt – dazugeben. Dazu kleine, leicht gezuckerte Röstkartoffeln servieren oder auf Schwarzbrot.

✌ *Junge, knackig trockene Rheingauer Rieslinge, Muscadet sur lie oder auch Sauvignons kommen dem ausgeprägten Aroma des Meeresbewohners entgegen.*

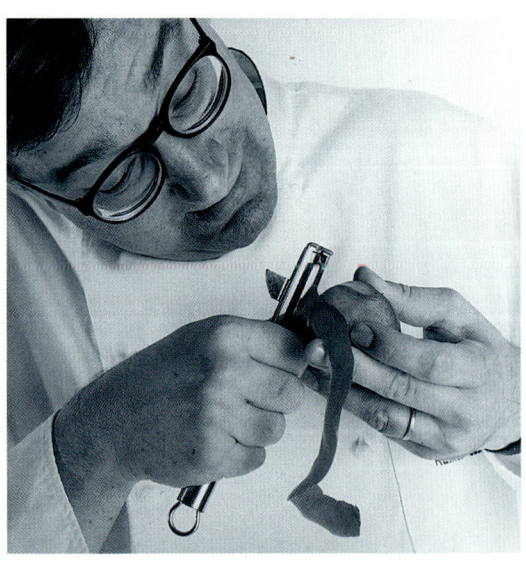

KARTOFFELN – MAGENFÜLLER MEINER JUGEND

Nichts ist so schmackhaft wie eine gesunde, frische, tolle Kartoffel. Eventuell grüne Stellen an der Kartoffel unbedingt wegschneiden, da diese giftig sind. Aus Sicherheitsgründen trennt man sich gleich von der ganzen Knolle.

Kartoffeln waren die Magenfüller meiner Jugendzeit, denn kein anderes Gemüse kam so häufig bei uns auf den Tisch wie die Kartoffel. Meistens leider nur gekocht, gestampft oder gebraten. Als Auflauf, Kloß oder fein gehobelt und ausgebraten als Rösti genieße ich sie erst seit eigenen Tagen am Herd. Jetzt kenne ich die Vielfalt dieser tollen Knolle und schöpfe alle Möglichkeiten aus. Denn sie ist preiswert, immer erhältlich und in unterschiedlichen Qualitäten auf dem Markt zu bekommen.

Problemlos zu lagern ist sie allerdings nicht, sie sollte dunkel und etwas kühl liegen. Also, wer einen idealen Keller besitzt, der kauft zentnerweise. Leute mit enger Mietwohnung, Singles oder Kinderlose ziehen die kiloweise Eindeckung vor. Für Gratins, Rösti, Bratkartoffeln oder als Salzkartoffel wählt man die festkochenden Sorten wie z.B. Hansa, Sieglinde, Cilena oder Granola. Suppen, Klöße und Pürees brauchen mehlig-kochende Qualität wie Grata oder Leha.

KARTOFFELN
AUS DEM OFEN

VERSION 1
Für 20 mittelgroße
Kartoffelknollen:
1 EL getr. Thymian
1 EL getr. Rosmarin
4 EL Olivenöl
10 Knoblauchzehen,
ungeschält
Salz

VERSION 2
1 EL Kümmel,
leicht gehackt
3 EL Butterschmalz
2 EL grünen Pfeffer,
zerdrückt
Salz

KRÄUTERQUARK
1 Becher Sahnequark
½ Becher süße Sahne
frische Kräuter wie
Basilikum, glatte
Petersilie, Schnittlauch,
Kresse und Salbei usw.
Saft einer ½ Zitrone
2 Schalotten
2 Knoblauchzehen

Kartoffeln schälen und für die erste Version in 3 cm lange Stifte schneiden. Für die Kümmelversion die Kartoffeln nur halbieren. Das Backblech mit Fett – Butterschmalz oder Olivenöl – begießen und die Kartoffeln gleichmäßig darauf verteilen. Mit den Gewürzen bestreuen und in den 200° C heißen Backofen geben. Unter ständigem Wenden 15-20 Min. goldbraun rösten. Dann mit Kräuterquark oder gegrilltem Fisch oder Fleisch servieren.

Für den Kräuterquark die Schalotten und den Knoblauch schälen und klitzeklein hacken. Dann in Olivenöl bei kleinster Hitze nur 10 Min. gar dünsten. Mit den Kräutern, Menge je nach Geschmack, und eventuell etwas Olivenöl unter den Quark rühren. Durch das Andünsten ist der Quark wesentlich magenfreundlicher.

✌ *Der Riesling ist für uns ein besonderer Kartoffelfreund. Aber auch Weißburgunder und Müller-Thurgau untermalen den Eigengeschmack der Knolle herrlich.*

SPINAT-KARTOFFEL-GRATIN

Spinat von den groben Strünken befreien, gründlich waschen und trocken schleudern. Kartoffeln schälen, in Scheiben schneiden. Auflaufform mit Olivenöl ausstreichen und den ausgedrückten Knoblauch gleichmäßig in der Form verteilen. Den Spinat in Olivenöl in einem Topf andünsten, zusammenfallen lassen und mit Salz würzen. Nun Spinat und Kartoffeln schichtweise in die Form legen, leicht mit geriebener Muskatnuß und etwas Salz würzen, mit einer Spinatschicht beenden.

Aus 2 Eiern, Sahne, Milch, frisch geriebenem Parmesankäse (100 g) und etwas geriebener Muskatnuß eine geschmeidige Masse rühren. Diese über die geschichtete Spinat-Kartoffel-Masse gießen. Spinat und Kartoffeln müssen von der Flüssigkeit bedeckt sein, also – etwas mehr oder weniger Flüssigkeit. Nun noch den restlichen Parmesankäse aufstreuen, etwas Olivenöl darauf und für 40 Min. in den 180° C heißen Backofen.

Die Sahne-Milch-Ei-Mischung verbindet sich mit den Kartoffeln und dem Spinat, es duftet nach Knoblauch, Käse und Muskat. Sollte die Käsekruste zu braun werden, einfach mit Folie abdecken.

✌ *Hier sind wieder die Rieslinge gefragt. Wer Probleme mit der Säure hat, sollte Sauvignon-Blanc-Weine wählen oder Bourgogne Aligoté. Auch Muscadet sur lie kann eine erfrischende Variante sein.*

1 kg Feldspinat
10 Kartoffelknollen,
festkochend
4 Knoblauchzehen,
nach Belieben mehr
2 Eier
1 Becher süße Sahne 0,2 l
1 Becher Milch 0,2 l
150 g Parmesankäse,
davon 100 g für die
Milch-Sahne-Masse
Muskatnuß, frisch
gerieben
Olivenöl
Salz
Auflaufform, oval,
ca. 30 cm

GEFÜLLTE KARTOFFELN

FÜR 10 PERSONEN

*10 Kartoffeln,
festkochend
1 Becher süße Sahne
2 Stangen Lauch,
nur das Weiße
1 Ei
100 g geriebenen
Parmesan
100 g durch-
wachsenen Speck
Butter
Pfeffer
Muskat*

KARTOFFELSCHAUM

*ausgehöhlte
Kartoffelreste
Brühe
flüssige Butter
Petersilie
Salz*

Von den geschälten Kartoffeln eine Kappe abschneiden und mit einem Ausstecher aushöhlen. Falls kein Aushöhler vorhanden ist, nimmt man einfach ein scharfes Messer. Die Kartoffeln vorher abtrocknen. Ausgehöhlte Kartoffeln 8-10 Min. halbgar in Salzwasser kochen und auskühlen lassen. Den Speck und Lauch in Scheiben schneiden, in Butter andünsten und mit Sahne angießen. Leicht einkochen lassen und mit einem Ei binden. Dann vom Herd nehmen und den Parmesan unterheben, mit Salz, Pfeffer und Muskat würzen. Damit die Kartoffeln füllen. Noch mit etwas Parmesan bestreuen. Butterflocken darauf und in dem 200° C heißen Ofen 15-20 Min. backen.

Das ausgehöhlte Kartoffelfleisch in Salzwasser gar kochen, mit Brühe aufgießen, flüssige Butter beigeben und mit Petersilie, Salz und etwas Muskat würzen. Genaue Mengenangaben sind nicht möglich, da die Kartoffeln unterschiedlich groß sind. Nur soviel: Der Kartoffelschaum soll eine sämige, fast suppenartige Konsistenz haben.

Den Schaum auf einem Teller plazieren und die gebackene Kartoffel dazugeben.

✌ *Der Riesling ist mein Lieblings-Kartoffel-Wein, da er den Eigengeschmack der Knolle angenehm hervorhebt. Meine Favoriten sind die Pfälzer Rieslinge von den jungen Weinstars. Aber auch die fränkischen Rieslinge und ganz trockenen Silvaner begleiten dieses Gericht.*

KARTOFFEL-GURKEN-SALAT

1 kg festkochende
Kartoffeln
1 Salatgurke
2 Schalotten
1 Knoblauchzehe
0,2 l Fleischbrühe
2 EL Weißweinessig
1 Becher Crème fraîche
(150 g)
Salz
Pfeffer
Zitrone

Der Kartoffel-Gurken-Salat ist mein Lieblingsbegleiter zu gebratenem Fisch und schmeckt lauwarm am besten. Die Frische bekommt er durch die Saftigkeit der Gurken, dazu das leicht Säuerliche von Schalotten, Essig und Crème fraîche – einfach köstlich. Die zu verwendende Brühe sollte aus eigener Herstellung kommen, denn das ist wesentlich für den guten Geschmack.

Kartoffeln mit Salz und etwas Kümmel gar kochen. Schalotten und Knoblauch klitzeklein schneiden, in Butter andünsten. Mit Brühe und Essig ablöschen, dann alles 10-15 Min. leicht köcheln lassen. Die Schalotten und der Knoblauch sind dann gar und die Flüssigkeit ist etwas eingekocht – genau richtig. Gurke schälen und in feine Scheiben hobeln. In eine Schüssel geben und salzen, nach 10 Min. ausdrücken und das Salzwasser weggießen. Kartoffeln in Scheiben schneiden, Gurken, Schalotten und Crème fraîche dazu und alles gut mit den Händen vermengen. Mit Salz, Pfeffer und Petersilie würzen und zu dem gebratenen Fischfilet servieren.

✌ *Probieren Sie einen trockenen Silvaner oder Müller-Thurgau (Rivaner) zu diesem deftigen Leibgericht!*

KARTOFFELSALAT
MIT WIENER SCHNITZEL

Die Kartoffeln mit etwas Kümmel und Salz kochen, pellen und leicht auskühlen lassen. Den Speck und die Schalotten in feinste Würfel schneiden und in Butter hellbraun andünsten. Mit Brühe und Essig ablöschen und etwas einkochen lassen.

Kartoffeln in Scheiben schneiden. Grüne Gurke schälen und mit einem Löffel entkernen, in Würfel schneiden. Die Gewürzgurke ebenfalls. Zu den Kartoffeln geben, Brühe-Essig-Mischung darübergießen und alles vermengen. Mit klitzeklein geschnittener Chilischote, Petersilie und etwas Salz würzen.

Die Kalbsschnitzel salzen, pfeffern und panieren (Mehl-Ei-Paniermehl). Die Panade locker andrücken, in schäumender Butter ausbraten.

Dazu den Salat und Zitrone servieren.

✌ *Trinken Sie ruhig mal ein Glas Riesling-Sekt dazu und Sie werden Spaß daran haben! Als Weine sind Silvaner, Südtiroler Pinot Grigio, Grüner Veltliner oder junge Grauburgunder aus Baden hervorragende Begleiter.*

1,5 kg festkochende Kartoffeln (Cilena, Sieglinde)
100 g durchwachsenen Speck
2 Schalotten
3 EL Essig
¼ l Brühe
10 Pfefferkörner, gemörst oder
1 Chilischoten, klitzeklein, nach Bedarf mehr
½ grüne Gurke, geschält und entkernt
2 Gewürzgurken
1 Bund Petersilie
etwas Kümmel, Salz
Kalbschnitzel aus der Oberschale, in Rouladenstärke geschnitten
Paniermehl, Mehl
Butter zum Ausbraten
Zitrone

FLEISCH, GEFLÜGEL, LAMM UND CO

Es gibt noch saubere, einwandfreie Fleischqualität auf dem deutschen Markt. Und das vom Schwein, Kalb, Rind und Huhn, Lamm sowieso. Wenn Sie als Verbraucher auf Billigware verzichten und dafür lieber mehr Qualitätsfleisch kaufen, wären wir schon ein bißchen weiter.

Also meine Bitte: Fragen Sie beim Einkauf nach Herkunft und Schlachttag des Tieres, denn beim Schuhkauf sind Sie ja auch nicht zimperlich. Glücklicherweise denken immer mehr landwirtschaftliche Betriebe um und bieten Qualität statt Quantität. Ich hatte bislang nie Schwierigkeiten, gutes Fleisch zu bekommen. Mein Freund und Geflügelzüchter Janosh von Beöthy züchtet seit Jahren Hühner, Gänse, Enten in Spitzenqualität, zudem besorgt er aus dem Hühnerland Frankreich weitere Geflügelspezialitäten – und Janosh von Beöthy ist kein Einzelfall.

Auf Wochenmärkten findet man immer mehr Freilandhühner. Das könnte im übrigen auch die deutsche Spitzengastronomie ermuntern, Gerichte von Hühnern zahlreicher auf der Speisekarte erscheinen zu lassen. Ich habe mein Lieblingsrezept in Sachen Fleisch für Sie vorgekocht, schlagen Sie zu.

HÜHNERFRIKASSEE

1 Bauernhuhn, 1,2-1,5 kg
10 Champignons,
in 3 cm dicken Scheiben
4 Schalotten in Streifen
300 g Knollensellerie,
in Streifen
Fleisch von
4 Dosentomaten oder
4 Freilandtomaten,
je nach Saison
1 Becher süße
Sahne, 200 g
½ l Kalbsfond oder
Hühnerbrühe
1 EL getr. Thymian
1 EL getr. Rosmarin
½ EL Tomatenmark
10 schwarze
Pfefferkörner, gemörst
oder grob gemahlen

Das Huhn in zehn Teile zerteilen, also die Keulen auslösen und am Gelenk halbieren, Flügel ganz lassen, nur die Spitzen abtrennen und die Brust erst mit Knochen halbieren und dann nochmals teilen. Der untere Rumpf kann für eine kleine Brühe verwendet werden.

Die Hühnerteile salzen und mit gemörstem Pfeffer würzen. In Olivenöl anbraten, kleingeschnittenes Gemüse beigeben, Kräuter und Tomatenfleisch dazu. Mit Kalbsfond oder Brühe aufgießen und bei geschlossenem Deckel 40 Min. köcheln lasen. Dann die süße Sahne hinzu, etwas einkochen lassen und mit dem Tomatenmark abschmecken, so daß eine sämige Sauce entsteht.

Mit etwas Salz und Pfeffer abschmecken und mit Bandnudeln oder einem Rösti servieren.

Man kann auch das Fleisch vom Knochen lösen und alles aus einer Blätterteigpastete verputzen!

✌ *Zum Hühnerfrikassee passen blumig-duftende Weine, die trocken bis halbtrocken sind und nicht mit zuviel Säure den Einklang stören. Ein perfekter Begleiter ist ein Sauvignon Blanc aus dem Friaul, z.B. von Livio Felluga. Außerdem gefällt mir ein Riesling von Bergdolt und Salwey.*

KAPAUN
MIT ORANGENSAUCE

Große Geflügelteile zu füllen hat eine lange Tradition – ich halte davon absolut nichts. Mein Vogel wird nur mit einer Mischung aus getrocknetem Thymian und Rosmarin, Salz und Pfeffer richtig eingerieben und in Form gebunden. Dann kommt er für 90 Min. in den Backofen, die ersten 45 Min. bei 200° C, dann wird die Temperatur auf 180° C reduziert.

Gar ist der Vogel, wenn beim Einstechen in die Keulen kein rosafarbener Saft mehr ausläuft und die Keulen sich leicht zusammendrücken lassen – aber vorsichtig: alles ist sehr heiß! Während der Bratzeit sticht man vorsichtig Brust und Keulen des Kapauns ein, so fließt unnötiges Fett ab.

Gereicht wird der Vogel mit einer Orangensauce und Kartoffelpüree. Für die Sauce den Geflügelfond einkochen lassen und die Orangenfilets beigeben, mit etwas Portwein, Salz und Pfeffer würzen und mit kalter Butter abschmecken.

✌ *Hermitage Blanc ist der absolute Spitzenreiter zu diesem Gericht. Aber auch ein großer reifer Riesling im Bereich Spätlese/Auslese, der nicht unbedingt trocken sein muß, kann eine super Ergänzung bringen. Der Petaluma Chardonnay aus Südaustralien bot ebenfalls ein perfektes »Stelldichein« mit dem Kapaun und der Orangensauce.*

1 Kapaun, 4-5 kg
Salz
Pfeffer
1 TL getr. Thymian
1 TL getr. Rosmarin

SAUCE
brauner Geflügelfond
Filets von 4 Orangen
roter Portwein, nach Geschmack, 0,3 l

HUHN GESCHMORT
MIT OLIVEN, TOMATEN
UND KNOBLAUCH –
DAS REZEPT FINDEN
SIE AUF DER
NÄCHSTEN SEITE

HÜHNCHEN GESCHMORT (POLLO IN UMIDO)

Poularde, 1,5-2 kg
1 Dose Tomaten
in der Tomatensaison:
8 Tomaten, frisch,
enthäutet und entkernt
10 Schalotten, geviertelt
10 Knoblauchzehen,
geschält und halbiert
20 Oliven, schwarz
1 Lorbeerblatt
½ EL getr. Thymian
½ EL getr. Rosmarin oder
1 Salbeizweig (8-10
Blätter frisch)
¼ l Weißwein, trocken
¼ l Wasser
Olivenöl,
erste Pressung

Geschmorte Fleischgerichte gehören wie Olivenöl und Brot zur klassischen Toskanaküche. Meine Version wird mit Oliven, Tomaten, Schalotten und viel Knoblauch geschmort. Alle Zutaten mit samt dem Huhn müssen von erstklassiger Qualität sein. Also: kein Huhn aus der Tiefkühltruhe und kein Billig-Olivenöl für 3,99.

Das Huhn in zehn Teile zerteilen, also die Keulen auslösen und am Gelenk halbieren, Flügel ganz lassen, nur die Spitzen abtrennen und die Brust erst mit Knochen halbieren und dann nochmals teilen. Diese salzen und pfeffern und in Olivenöl in einem großen Topf anbraten. Knoblauch, Schalotten und Oliven beigeben.

Danach die ganzen Früchte der Dosentomaten entkernen, den Saft auffangen. Frische Tomaten mit dem Sparschäler enthäuten, dann entkernen. Nun noch die gesamten Gewürze in den Topf. Wein und Wasser dazu und bei mittlerer Hitze und geschlossenem Deckel 60 Min. köcheln lassen. Hat sich zuviel Flüssigkeit gebildet, schmort man die letzten 20 Min. mit offenem Deckel – aber vorsichtig, daß nichts anbrennt!

Dazu schmeckt Brot und ein leicht gekühlter Chianti.

Die guten Roten aus der Toskana, ob Chianti, Vino Nobile oder die Crus, werden Ihnen dazu Trinkvergnügen bereiten.

LAMMKEULE MIT KRÄUTER-KRUSTE UND ZITRONE

Die Kräuter, Knoblauch, Gewürze und Meersalz im Mörser fein mahlen, die Lammkeule mit Olivenöl und der Kräutermischung einmassieren. Vorsichtig in Olivenöl anbraten, dabei die Keule ständig mit dem Öl begießen. Die Zitronen in Scheiben schneiden und damit die Keule belegen, in den auf 200° C vorgeheizten Backofen geben und mit Weißwein begießen und mindestens 60-70 Min. garen. Während der Garzeit die Keule begießen und zusätzlich mit Zitronensaft beträufeln.

Beim Wenden die Zitronenscheiben wieder auf die Keule legen. Die Keule ist gar, wenn kein rosa Saft mehr beim Einstechen entrinnt. Nach der Garzeit den Bratensaft durch ein Sieb passieren, mit Joghurt und Zitrone abschmecken und zur Keule servieren. Dazu passen ausgezeichnet geschmorte Auberginen und Fladenbrot.

Wunderbar der Duft von Koriander und Piment, die leichte Schärfe von Pfeffer und Knoblauch und das erfrischende Zitronenaroma.

Und pflegen Sie die Keule während der Bratzeit – also immer begießen, wenden, abschmecken . . .

✌ *Hier ist Weißwein angesagt. Die großen weißen Burgunder freuen Sie über solche Speisenbegleiter. Wählen Sie einen Meursault oder einen der besonderen kalifornischen Chardonnays. Auch Graves-Weißweine wie Château de Fieuzal bringen das Zusammenspiel auf den Punkt.*

1 Lammkeule, 1,8-2 kg
30 Pfefferkörner, schwarz
20 Korianderkörner
10 Pimentkörner
10 Knoblauchzehen,
klitzeklein gehackt
1 EL getr. Thymian
1 EL getr. Rosmarin
1 EL getr. Oregano
Meersalz
Olivenöl
2 Zitronen
Saft 1 Zitrone
1 Becher Joghurt, neutral
Weißwein, mind. ½ l
(Weiß- oder
Grauburgunder)

LAMMKEULE MIT GORGONZOLA

1 Lammkeule, 1,5-1,8 kg
200 g Gorgonzola
8 Knoblauchzehen,
gestiftet
0,3 l Weißwein
(½ Flasche), trocken mit
0,2 l Wasser mischen
½ EL getr. Thymian
½ EL getr. Rosmarin
½ EL grobes Meersalz
Olivenöl
8 neue Kartoffeln,
halbiert und geschrubbt
500 g Möhren
Butter
Zucker

Lammkeule vom Fett befreien, Knoblauch in kleine Stifte schneiden und die Keule damit spicken. Das geht am besten seitlich des Röhrenknochens. Die Keule mit Thymian, Rosmarin und grobem Meersalz einreiben. In einem Bräter in Olivenöl von allen Seiten anbraten.

Dann in den Ofen schieben. Bei 200° C braucht die Keule 60-80 Min. Bei der Garprobe darf kein roter Saft mehr beim Einstechen auslaufen.

Während der Garzeit die Lammkeule mit Gorgonzolakäse bestreichen und mit Wein-Wasser-Mischung begießen. So entsteht eine traumhafte Sauce. Der Gorgonzola läuft über die Keule in den Bräter und vermischt sich mit Wein und Wasser. Die Keule mindestens einmal wenden.

Dazu passen neue Kartoffeln, halbiert und geschrubbt. Die kommen 30 Min. vor Ende der Garzeit einfach zur Keule dazu. Wer möchte, serviert noch glasierte, frische Möhren. Dazu Möhren schälen und gar kochen, dann in einer Pfanne mit Butter und Zucker schwenken.

✌ *Wählen Sie einen großen Pinot Noir dazu aus. Oder haben Sie noch einen Amarone im Keller, z.B. von Guiseppe Quintarelli? Dann ist jetzt die Gelegenheit da, diese Flasche zu öffnen. Auch ein reifer Brunello di Montalcino aus der Toskana gefällt mir ausgezeichnet zu dieser tollen Kombination.*

HUHN MIT KNOBLAUCH

Die Poularde säubern, innen und außen salzen und pfeffern. Knoblauchzehen schälen und gegebenenfalls halbieren. Zwischen Brustfleisch und Haut der Poularde mit einem scharfen Messer eine Tasche schneiden. In diese Tasche den frischen Thymian legen, pro Filetseite 3-4 Zweiglein.

Die Poularde mit Bindfaden verschließen, in einen Bräter setzen und mit etwas Wasser angießen. Im Backofen bei 200° C gut 1 Std. braten lassen, dabei die Poularde einmal wenden und im Keulenbereich während der Bratzeit immer etwas einstechen, so fließt unnötiges Fett ab.

Die Sauce: Knochen im Topf mit Butter leicht anbräunen, kleingeschnittenes Suppenbund, Lorbeerblatt und Pfefferkörner beigeben. Mit Weißwein und Wasser aufgießen. 1 Std. ohne Deckel leicht köcheln lassen, dann durch ein Sieb passieren, mit Butter montieren und mit Zitronensaft abschmecken.

Die Sauce sollte eine sämige Konsistenz haben. Huhn zerteilen, Knoblauch und die Sauce dazu servieren. Wer möchte, ißt frisches Landbrot dazu.

✌ *Weine, die das durchdringende Aroma des Knoblauchs in den Griff bekommen, sind Chardonnays aus dem Stahltank, z. B. moderne Chablis. Auch sehr trockener Champagner begleitet die Knofel sehr gut.*

1 Freilandpoularde,
1,2-1,5 kg
25-30 Knoblauchzehen,
halbiert
Thymianzweige
Salz
Pfeffer

SAUCE
Knochen, Hals und
Magen vom Huhn,
evtl. frisches Hühnerklein
1 Suppenbund
1 Lorbeerblatt
5 Pfefferkörner
1 Tasse trockenen
Weißwein
1 Tasse Wasser

LAMMKEULE
GORGONZOLA
DAS REZEPT FINDEN
SIE AUF
SEITE 68

POULARDE IM BRATSCHLAUCH

1 frische
Poularde, 2-2,5 kg
50 g getr. Steinpilze
1 Bund Frühlingszwiebeln
1 Tasse Geflügelbrühe
Salz
Pfeffer
Zitronensaft
1 Bratschlauch,
groß

Das Huhn gründlich säubern und innen und außen salzen und pfeffern. Die Steinpilze müssen, wenn es sich um getrocknete handelt, vorher eingeweicht und gesäubert werden. Frische Exemplare wischt man nur mit einem feuchten Lappen ab. Von den Frühlingszwiebeln das dunkle Grün entfernen und in 4 cm große Stücke schneiden. Den Bratschlauch auf ein Backblech legen und so auffächern, daß die Steinpilze und Frühlingszwiebeln problemlos in ihm Platz haben. Hierauf legt man die an den Keulen zusammengebundene Poularde, gießt den Geflügelfond an, verschließt den Schlauch, verpaßt ihm noch zwei Luftlöcher und ab in den 180° C heißen Backofen – für mindestens 1 Std. – wenn der Vogel 2 kg wiegt; ist er etwas schwerer, gart er 70 -75 Min.

Der Fond im Bratschlauch hat das Aroma der Steinpilze aufgenommen, dazu den leicht süßlichen Geschmack der Frühlingszwiebeln, fehlt halt nur noch etwas Zitronensaft zur Vollendung.

Dazu schmeckt herrlich ein Kartoffelpüree.

✌ *Reife Weine passen wunderbar zu Steinpilzen, besonders Pinot Noir oder Barbera d'Alba. Die feinere Variante bringen große Weißweine. Reifer Meursault von Spitzendomänen oder trockene Weiß- oder Grauburgunder Spätlesen zeigen die zarte Würznote der Pilze subtil auf.*

GESCHMORTE LAMMKEULE MIT TOMATEN, OLIVEN UND KNOBLAUCH

Die Lammkeule in mundgerechte Stücke schneiden. Knoblauch enthäuten und die Zehen halbieren, Schalotten schälen, ebenfalls halbieren. Oliven mit Kern leicht abwaschen, Dosentomaten vom Strunk und von den Kernen befreien.

Die Fleischstücke in Olivenöl anbraten, salzen und pfeffern. Oliven, Schalotten, Knoblauch, Gewürze und das Tomatenfleisch hinzugeben. Mit Rotwein ablöschen bis alle Zutaten bedeckt sind. Tomatenmark hinzugeben und alles bei geschlossenem Deckel und mittlerer Hitze 1 Std. köcheln lassen, die letzten 15 Min. der Garzeit bei geöffnetem Deckel.

Mit Fladenbrot oder <u>Knoblauch-Kartoffel-püree</u> servieren. Dazu werden Kartoffeln und Knoblauchzehen geschält, gemeinsam in Wasser gegart und mit ¼ l Milch und 3 EL Olivenöl zu einem Püree gestampft sowie mit Meersalz abgeschmeckt.

1 Lammkeule, entbeint, 1,5-2 kg
20 Knoblauchzehen
10 Schalotten
20 Oliven, schwarz
1 Dose Tomaten, San Marzano-Qualität
1 TL getr. Thymian
1 TL getr. Rosmarin
1 Flasche Rotwein, Côtes du Rhône
1 EL Tomatenmark
Salz
Pfeffer
Olivenöl

✌ *Endlich ein richtiger Rotweingang! Meine Favoriten zu geschmortem Lamm sind auf jeden Fall die edlen Sangiovese-Verführer aus der Toskana. Dazu gehören die Weine aus Monte-pulciano (Vino Nobile) oder aus Montalcino (Brunello) und mitten aus dem Herzen des Chianti-Gebietes. Probieren Sie reife Bordeaux-Weine (oder trinkreife Gewächse aus kleineren Jahrgängen), Côte Rôtie, Shiraz aus Australien, Pinotage aus Südafrika, die guten Zinfandel aus Kalifornien (Ridge, Ravenswood), Piemonteser (reife Nebbiolo-Weine wie Barolo oder Barbaresco), und finden Sie jedesmal eine noch angenehmere Verbindung.*

GESCHMORT, GELIEBT, GEKOCHT

Nur frische und sorgfältig geprüfte Zutaten ergeben einen guten Eintopf. Leider haben die stilvoll zelebrierten Tellergerichte in der deutschen Spitzengastronomie auch unsere Hausfrauenküche beeinflußt, so daß Schmorgerichte, große Braten und traditionsreiche Eintöpfe immer seltener auf dem Speiseplan erscheinen. Nicht so bei mir: meine Leidenschaft gehört den Schmorgerichten und den Eintöpfen.

Was gibt es Schöneres, als gemeinsam am großen Tisch zu sitzen und ein geschmortes Kaninchen zu verputzen. Dazu glasierte Wurzeln, knuspriges Brot, ansprechende Musik und Rotwein bis zum Abwinken. Machen Sie mit, vergessen Sie für kurze Zeit a la minute gebratene Entenbrust und Kalbsfilet.

BOHNEN, BIRNEN UND SPECK

1 kg Bohnen
5 Karotten
1 Bund Bohnenkraut
1 kg Kasslerbauch
5 William-Christ-Birnen
Salz
Pfeffer
Weißweinessig
etwas Senf
Petersilie
Fleisch von 4 Tomaten, enthäutet und entkernt

FÜR DIE BRÜHE
Suppenknochen, frisch
und Suppenknochen,
geräuchert, insgesamt. 2 kg
1 Markknochen
1 Schweineschwarte,
geräuchert
1 Suppenbund
1 angebräunte Zwiebel
1 Lorbeerblatt
10 Wacholderkörner
5 Pfefferkörner

Für Bohnen, Birnen und Speck benötigt man eine kräftige Brühe, aber nur frisch gekocht!

Also: Alle Zutaten mit kaltem Wasser aufgießen. Die Zwiebel auf einer mit Alufolie geschützten Herdplatte stark anrösten und dann dazugeben. Das bringt ein schönes Aroma und eine tolle Farbe in die Suppe.

Alles aufkochen lassen, den groben Schaum abschöpfen und bei geschlossenem Deckel gut 1 Std. köcheln lassen. Dann abgießen, abgekochtes Fleisch eventuell weiterverarbeiten.

Bohnen putzen, Karotten schälen und in Scheiben schneiden. Bohnen, Karotten und Bohnenkraut in einen Topf geben, mit Brühe aufgießen und den Kasselerbauch dazugeben. Alles bei geschlossenem Deckel 1 Std. köcheln lassen. Alle Zutaten sind dann gar. Das Fleisch entnehmen und in den vorgeheizten Backofen geben.

Nun geht es ans Abschmecken: Eine Birne schälen, entkernen, pürieren und unter die Bohnen/Karotten mischen, dann das Tomatenfleisch dazu. Mit etwas groben Pfeffer, einen Hauch Weißweinessig und einen halben EL Senf die Bohnen nach Geschmack würzen. Die Birnen werden nun dazugelegt – alles nochmals 10-15 Min. bei geschlossenem Deckel köcheln lassen und mit Salzkartoffeln servieren.

✌ *Ein interessantes Zusammenspiel bot ein Wein aus dem Jura – der berühmte Château-Chalon. Probieren Sie dazu ruhig auch einen rassig, erdig-würzigen fränkischen Riesling. Hervorragend auch ein roter Beaujolais-Cru-Morgon.*

TAFELSPITZ MIT BOUILLONKARTOFFELN

2 kg Tafelspitz
1 Suppenbund
2 Kalbsknochen
10 Pfefferkörner
1 Lorbeerblatt
5 Wacholderbeeren
1 angeröstete Zwiebel
1 Knoblauchzehe
½ EL getr. Thymian
½ EL getr. Rosmarin

BOUILLONKARTOFFELN
10 festkochende Kartoffeln
3 Möhren
½ Sellerieknolle
Bouillon
Butter
Petersilie

SEMMELKREN
½ l Brühe
2 Brötchen
mind. 5 EL geriebenen
Meerrettich
2 EL Weißweinessig

Den Tafelspitz mit den Gewürzen, dem Gemüse und der angerösteten Zwiebel in einen Topf geben, mit Wasser aufgießen und 2 Std. bei mittlerer Hitze köcheln lassen bis das Fleisch weich ist. Am Anfang den Schaum einmal abschöpfen. Die Brühe für die Kartoffeln und die Semmelkren verwenden.

Ich entnehme schon vor Ende der Kochzeit die Brühe für die Kartoffeln und die Kren und wende den Tafelspitz in den letzten Minuten des öfteren, so bleibt er, trotz weniger Brühe, auch saftig, und ich habe Kartoffeln, Kren und Fleisch gleichzeitig fertig. Für die Bouillonkartoffeln werden die Kartoffeln, die Möhren und der Sellerie gewürfelt und in der Brühe gar gedünstet, mit Butter und Petersilie abschmecken. Ohne Deckel kochen, so zieht die Brühe in die Kartoffeln und das Gemüse.

Für die Semmelkren die Brühe in einen Stieltopf geben und etwas einkochen lassen. Brötchen entrinden und in Würfel schneiden, Meerrettich reiben und beides in die Brühe geben. Mit Essig und frischer Petersilie abschmecken. Dann mit dem Fleisch und den Kartoffeln servieren.

Wer keine Kartoffeln zum Tafelspitz mag, dünstet frischen Spinat mit einer Zwiebel und etwas Knoblauch, würzt mit etwas Sahne und schmeckt mit Salz, Muskat und Zitrone ab. Schmeckt nicht schlecht, aber die Kartoffeln sind unschlagbar.

✌ In Wien trinkt man trockene Grüne Veltliner zum Tafelspitz mit Apfelkren – das gefällt mir auch bestens – oder Blauer Zweigelt.

GEFÜLLTE PAPRIKASCHOTEN

Von den Paprikaschoten die Deckel abschneiden, Strünke und Kerne entfernen. Tomaten entkernen und enthäuten, in Würfel schneiden. Kabanossi in Würfel schneiden, Petersilie hacken. Basmati-Reis kochen und mit allen Zutaten vermischen – Tomate, Kabanossi, Krabbenfleisch. Mit Salz, Pfeffer und Zitronensaft abschmecken und die Schoten damit füllen.

Die Sauce: Zwiebel und Knoblauch kleinhacken, in Olivenöl andünsten, Gewürze und Kräuter beigeben, mit Brühe aufgießen, Tomatenmark dazu und verrühren. Etwa 10 Min. bei offenem Deckel köcheln lassen.

Dann die gefüllten Schoten in die Sauce stellen, dazu mit einem scharfen Messer einen glatten Boden in die Schoten schneiden und bei mittlerer Hitze und geschlossenem Deckel 20 Min. köcheln lassen.

Mein Favorit sind Sauvignon-Blanc-Weine (Sancerre, Pouilly-Fumé) von der Loire. Bellet ist ein südfranzösischer Weißwein, der die Kräuteraromen und die herzhafte Art des Paprikas begleitet.

PAPRIKASCHOTEN
4 rote Paprikaschoten
2 Tassen Basmati-Reis
Fleisch von 4 Tomaten
200 g Krabbenfleisch
150 g Kabanossi-Wurst,
feste Salami geht auch
1 Bund Petersilie
Pfeffer
Salz
Zitronensaft

TOMATENSAUCE
1 Zwiebel
2 Knoblauchzehen
1/2 EL getr. Thymian
1/2 EL getr. Rosmarin
4-5 Petersilienstengel,
gehackt
1 Lorbeerblatt
3 EL Olivenöl
1/2 l Hühnerbrühe
4-5 EL Tomatenmark
1 TL Zucker
1 Prise Salz

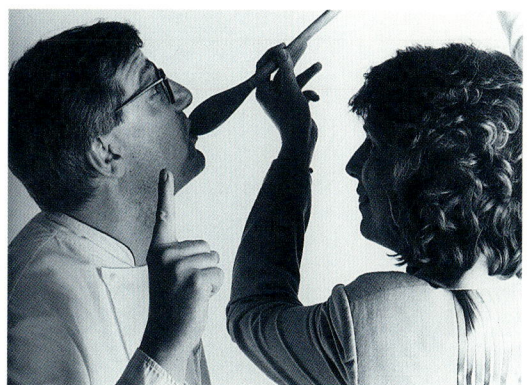

ROULADE

4 Scheiben Roulade
4 Scheiben gekochter
Schinken
1 Bund Frühlingszwiebeln
Butterschmalz
zum Anbraten
Senf
1 Suppenbund
10 Pfefferkörner
4 Wacholderbeeren
1 Lorbeerblatt
0,2 l Rotwein
1 EL Tomatenmark
Wasser

Rouladen mit Senf bestreichen und mit gekochtem Schinken belegen. Frühlingszwiebeln säubern und das dunkle Grün entfernen, auf Rouladengröße der Länge nach teilen, auf Roulade und Schinken legen.

Alles salzen und pfeffern, mit einem Spieß verschließen und in Butterschmalz scharf anbraten. Nach dem Anbraten das Tomatenmark, das kleingeschnittene Suppenbund und die Gewürze beigeben. Mit Rotwein ablöschen und mit Wasser aufgießen, so daß die Rouladen bedeckt sind.

Mindestens 1 Std. bei geschlossenem Deckel schmoren, danach die Sauce durch ein Sieb passieren und einkochen lassen, die Rouladen dabei warm stellen. Eventuell mit kalter Butter oder Mehl-Butter-Mischung binden.

Serviert werden die Rouladen mit einem grünen, frischen Salat und Salzkartoffeln.

✌ *Zu den Frühlingszwiebeln, die das Gericht angenehm dominieren, paßt eine trockene Riesling Spätlese oder ein kräftiger Silvaner sehr gut. Probieren Sie auch einmal einen der besonderen Pouilly-Fumés von der Loire zu diesem Gericht. Eine sehr gelungene Kombination.*

KÖNIGSBERGER KLOPSE

FRIKADELLEN

400 g gemischtes Hack
100 g Beefhack
1 Zwiebel, klitzeklein
½ durchweichtes Brötchen
10 Sardellenfilets
1 kleines Glas Kapern
½ Bund Petersilie,
kleingehackt
1 TL Senf
Salz
Pfeffer
evtl. etwas Chili

SAUCE

1 l Hühnerbrühe
1 Zwiebel, geviertelt
1 Lorbeerblatt
1 Becher süße Sahne
1 Glas Kapern
etwas Zitrone
Weißweinessig

Die Zutaten für die Frikadellen in einer Schüssel zu einer geschmeidigen Masse verkneten. Klopse formen und diese in einer mit Zwiebel und Lorbeerblatt gewürzten Brühe bei kleiner Hitze ca. 15 Min. garziehen lassen.

Die Brühe durch ein Sieb passieren, Sahne und Kapern beigeben und einkochen lassen. Mit Zitrone, Salz und etwas Weißweinessig abschmecken und die Klopse darin nochmals kurz ziehen lassen.

Mit Salzkartoffeln servieren.

✌ *Viele Gäste lieben einen badischen Grauburgunder dazu. Ein Evergreen ist zu diesem Stamm- und Lieblingsgericht der Sancerre von Jean-Max Roger.*

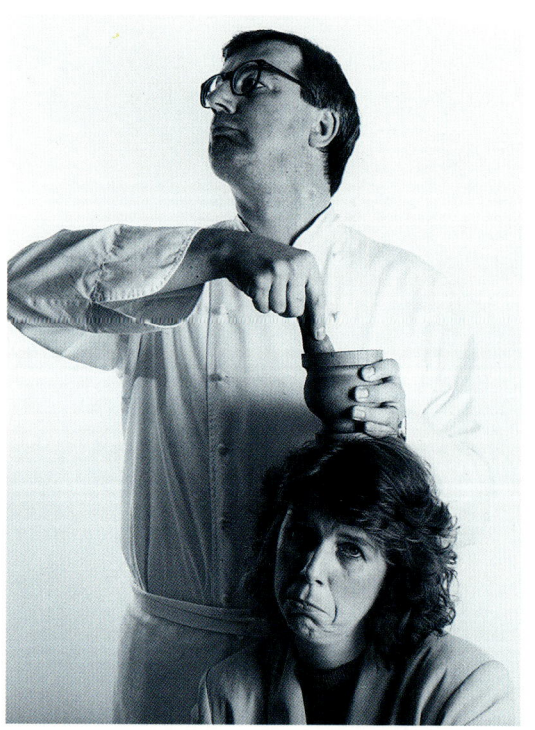

STECKRÜBEN-LAMMEINTOPF

Das Fleisch mit Suppenbund und Gewürzen gar kochen, vom Knochen lösen. Die Brühe durch ein Sieb seihen und etwas einkochen lassen. Nun die Steckrüben in dünne Streifen schneiden, etwa Fingernagel große Stücke (2 cm dick).

Kartoffeln und Karotten schälen und ebenfalls gleichgroß schneiden. Am besten alles einheitlich schöne Streifen oder Rauten. Steckrüben, Kartoffeln und Karottenstücke in Butter andünsten, mit Salz würzen, etwas Majoran und Muskatnuß dazu und mit Brühe aufgießen. Das ausgelöste Fleisch beigeben und bei geschlossenem Deckel 40-50 Min. köcheln lassen. Die Gemüse sind gar, das Fleisch ohnehin, also noch mit Salz und Pfeffer abschmecken und heiß servieren.

Wer möchte, krönt alles mit einem Klecks Crème fraîche und frischem Schnittlauch.

Der Gutsriesling (nicht trocken) von August Kesseler im Rheingau macht mir viel Spaß zu diesem Gericht. Aber auch alle deftigen Müller-Thurgaus (Theo Luckert aus Franken) und die Grauburgunder von Benno Salwey in Baden sind leckere Begleiter.

BRÜHE
1 ½ kg Lammfleisch
zum Kochen (Nacken,
Brust, Schulter)
1 Suppenbund
1 Lorbeerblatt
5 Wacholderbeeren
5 Pfefferkörner
1 angeschwärzte Zwiebel,
geht auf der Herdplatte,
mit Alufolie geschützt,
prima

EINLAGEN
1 Steckrübe 700-800 g
5 Karotten
5 Kartoffeln, festkochend
1 TL Majoran
Butter zum Andünsten
Muskatnuß
Crème fraîche
Schnittlauch

MEIN TOMATENSUGO
DAS REZEPT FINDEN
SIE AUF SEITE 87

KANINCHEN IN KRÄUTER-SENF-SAUCE

1 Hauskaninchen,
ideal 1,3-1,5 kg
1 Bund Frühlingszwiebeln
5 Knoblauchzehen,
feingehackt
½ EL getr. Thymian
½ EL getr. Rosmarin
½ EL getr. Oregano
2 Bund glatte Petersilie
3 Schalotten, klitzeklein
geschnitten
½ l trockenen Weißwein,
(deutscher Grau- oder
Weißburgunder ideal)
2 EL Senf, mittelscharf
oder Kräutersenf, grob
Zitrone
Salz
Pfeffer

BEILAGEN
500 g Wurzeln
Zucker
Butter
1 kg mehlig kochende
Kartoffeln
Milch
Olivenöl
Salz

Das Hauskaninchen vom Metzgermeister wie folgt zerteilen lassen: 2 Keulen, jeweils geteilt, 2 Läufe ganz, Rückenfilet ausgelöst, Bauchlappen abgetrennt, Halsstücke zerkleinert. Sämtliche Kaninchenteile in einem großen Bräter in Olivenöl anbraten, salzen und pfeffern. Die Rückenfilets nach dem Anbraten entnehmen und 10 Min. vor Beendigung der Garzeit wieder beigeben, ständiges Mitschmoren macht sie trocken und faserig.

Frühlingszwiebeln und Knoblauch zu den Fleischteilen geben und mit anrösten. Nun mit Wein ablöschen und die Kräuter und den Senf beigeben. Eventuell mit etwas Wasser aufgießen, so daß die Fleischstücke bedeckt sind. Bei geschlossenem Deckel mindestens 50 Min. schmoren lassen! Das Fleisch ist gar, wenn die Keulenstücke sich leicht vom Knochen lösen, also kontrollieren! Große Kaninchen haben somit eine längere Schmorzeit.

Die Sauce sollte eine sämige Konsistenz haben und wird mit Salz, Pfeffer und etwas Zitronensaft abgeschmeckt. Wer es noch kräftiger möchte, fischt die Kaninchenteile aus der Sauce, läßt diese einkochen und gibt die Teile wieder hinein.

Beilage: Glasierte Wurzeln eignen sich besonders gut. Die Wurzeln schälen und in Scheiben schneiden und in Salzwasser gar kochen. Dann in Butter mit etwas Zucker leicht in einer Pfanne glasieren.

Kartoffelpüree: Mehlig kochende Kartoffeln gar kochen, zerdrücken und mit heißer Milch und Olivenöl, nach Bedarf, abschmecken.

»MEIN«
TOMATENSUGO

Die Tomaten enthäuten und entkernen. Knoblauch und Zwiebeln in feine Würfel schneiden. Chilischoten nach Bedarf von den Kernen befreien und in Streifen schneiden. Petersilie und Basilikum säubern und klein-hacken.

Alle Zutaten mit dem Olivenöl, Zucker und Tomatenmark in einem schweren Topf 40 Min. bei kleinster Hitze und geschlossenem Deckel köcheln lassen.

Die Tomatensauce sollte dann eine sämige Konsistenz haben. Falls nicht, einfach bei geöffnetem Deckel noch weitere 5-8 Min. kochen lassen.

❧ *Am besten schmeckt hierzu ein fruchtig-leich-ter Rotwein wie der Dolcetto aus dem Piemont oder ein Chianti oder auch ein Languedoc Rouge. Unter den Weißweinen stach der Rivaner von Johner positiv hervor. Etwas »schrill«, aber ungemein interessant fand ich einen trockenen Jurançon zur Tomatensauce.*

2 kg frische Vierländer Tomaten
1 Dose Tomaten, San Manzano-Qualität ohne Saft, (850 g)
2 Zwiebeln
1 Tasse Olivenöl
1 Bund frisches Basilikum
½ EL getr. Thymian
½ EL getr. Rosmarin
2 EL Tomatenmark
1 TL Zucker
1 Chilischote, nach Bedarf mehr
5 Knoblauchzehen, gehackt
1 Bund frische Petersilie
2 Lorbeerblätter, kleingeschnitten

Zum Kaninchen in Kräuter-Senf-Sauce:

❧ *Großartig schmecken hierzu Pinot Noirs aus Burgund (Dujac, Jean Gros) oder die badischen Superstars Heger, Johner, Bercher, die mit ihren Kirsch- und Unterholznoten sowie finessenrei-chen, rundem Geschmack einen ausdrucksstar-ken Gegenspieler darstellen. Falls Sie lieber einen Weißwein mögen, dann sind Sie mit Meursault oder Hermitage Blanc gut beraten.*

GEMÜSE – NICHT NUR ALS BEILAGE

Gemüse gehört zum Hauptbestandteil der modernen Ernährung. Sie werden nicht mehr lieblos behandelt oder nur als Beilage an den Tellerrand geschoben.

Frisch gekauft, sauber vorbereitet und in Butter, Olivenöl oder Brühe gebraten und geschmort, ist Gemüse endlich salonfähig. Die kleingeschnittenen Miggerportionen der Sterneköche sind schon lange nicht mehr zeitgemäß, ebenso Dosenfutter, Fertiggemüse und Tiefkühlkost. Also auf zu Linsen, Wirsing, Fenchel und Co.

SOMMERSCHMAUS MIT PESTO

SOMMERSCHMAUS

20 mittelgroße,
festkochende Kartoffeln
200 g durchwachsenen Speck
2 Zucchini
10 mittelgroße Karotten
je 1 Zweiglein frischen Salbei,
Rosmarin, Thymian
2 Zwiebeln
5 Knoblauchzehen, nach
Geschmack mehr
2 EL Weißweinessig
4-5 EL Olivenöl
½ l Hühner- oder
Fleischbrühe
Salz
Pfeffer
Zitronensaft
nach Geschmack

PESTO

3 Töpfe oder 2 Bund
Basilikum
4 Knoblauchzehen
20 Pinienkerne
4-5 EL Olivenöl
Prise Salz
etwas Zitronensaft

Kartoffeln und Karotten schälen und in Scheiben schneiden, gleich dick! Speck von der Schwarte befreien, Knorpelstücke wegschneiden und würfeln. Zucchini waschen und ebenfalls in Scheiben schneiden. Knoblauch durchpressen, Zwiebeln kleinhacken.

Zuerst Speck, Knoblauch und Zwiebeln in Olivenöl andünsten, dann die Kartoffeln, Karotten und Kräuter beigeben. Das Öl muß sich gut verteilen und die Gemüse leicht umschließen, also öfter wenden. Kräuter und Brühe dazu, mit Essig abschmecken, alles leicht salzen und pfeffern. Bei geschlossenem Deckel und mittlerer Hitze 15 Min. köcheln lassen. 5 Min. vor Kochende die Zucchini beigeben. Dann nochmals mit Salz, Pfeffer, Zitrone und eventuell etwas Öl abschmecken und servieren.

Pesto: Alle Zutaten in eine Küchenmaschine geben und zerkleinern. Das Olivenöl nach und nach beigeben. Vom Basilikum vorher die Stiele abschneiden, den Knoblauch schälen – logisch. Wer das Pesto schärfer möchte, nimmt etwas mehr Knoblauch. Das Ganze mit etwas Salz und Zitrone abschmecken. Hält sich geschlossen im Glas einige Tage im Kühlschrank.

✌ *Hier kommen Vernaccia di San Gimignano und Co. zum Zuge.*

FENCHEL
GESCHMORT

Geschmorter Fenchel schmeckt einfach köstlich zu gebratenem Fisch oder lauwarm aufs kalte Büffett gestellt. Die Knoblauchmengen nach Geschmack, ab <u>20</u> Zehen auf 2 Becher Sahne wird es erst interessant.

2 Fenchelknollen
2 Becher süße Sahne à 200 g
20 Knoblauchzehen

Fenchel halbieren und die harten End- und Mittelstrünke entfernen. In Olivenöl leicht andünsten. Fenchelkraut und holzige Stiele entfernen, das Kraut hacken.

Auf den angedünsteten Fenchel nun die Sahne geben, Knoblauch dazu und bei offenem Topf 25-30 Min. dünsten lassen. Der Fenchel sollte dann gar sein – aber noch etwas bißfest. Die Knoblauchsauce ist eingekocht und schön sämig, fertig: Fenchel als Hochgenuß!

Wichtig ist das Schmoren bei mittlerer Hitze ohne Deckel, so kocht die Sauce schön ein, der Fenchel wird langsam gar und durch die Sauce saftig.

✌ *Gemüseweine schlechthin sind Sauvignon blanc, Silvaner und die meisten Roséweine dieser Weinwelt. Besonders gefällt mir zu dem anisähnlichen Geschmack und den Aromen vom Schmoren ein trockener Grüner Veltliner aus dem Kamptal. Eine Variante für Fortgeschrittene ist die Viognier-Traube von der Rhône, die herrliche Synergie mit dem Fenchel schaffen kann.*

WIRSING MIT SPECK UND TOMATEN

1 Wirsingkopf, 1 kg
150 g durchwachsenen
Speck
1 Becher süße Sahne
Fleisch von 4
Dosentomaten, entkernt,
Strunk entfernt
5 festkochende Kartoffeln,
Cilena, Sieglinde,
in Scheiben geschnitten
Zitrone
Salz
Pfeffer

Den **Wirsing** in Blätter zerteilen, grobe Strünke entfernen, dunkelgrüne Deckblätter wegwerfen. In kochendem Salzwasser die Kohlblätter höchstens 3 Min. blanchieren, in Eiswasser abschrecken, stark ausdrücken und in mundgerechte Stücke schneiden.

Den **Speck** in Butter andünsten, Kohl und Kartoffelscheiben, Tomatenscheiben und Sahne beigeben. Bei geschlossenem Deckel 15 Min. leicht köcheln lassen. Der Kohl und die Kartoffeln sind dann gar.

Mit Salz, Pfeffer und Zitrone abschmecken. Der Wirsing und die Kartoffeln sollten von der Sahne bedeckt sein. Also eventuell etwas Sahne mehr dazu oder, noch besser, etwas Brühe.

✌ *Gutedel, Silvaner, Rivaner (Riesling und Sylvaner), halbtrockener Riesling begleiten dieses Gericht hervorragend. Ein Trollinger von Dautel aus Württemberg fand ebenfalls mein Gefallen.*

WIRSING
MIT ORANGE

Wirsing wie im Rezept mit Speck und Tomaten verarbeiten. Orangenfilets ausschneiden, Äpfel schälen und in Scheiben schneiden. Den Wirsing in Butter andünsten, zuerst die Äpfel und die Gewürze beigeben. Mit Brühe übergießen und das Ganze bei mittlerer Hitze in einer Pfanne schmoren – immer etwas Brühe beigeben!

Ist der Kohl gar, die Orangenfilets und etwas Orangensaft dazu, mit Salz abschmecken und servieren. Wer möchte, gibt am Schluß noch etwas Butter bei.

✌ *Keine Angst vor trockenem Gewürztraminer. Nicht nur die weltberühmten Elsässer Gewürztraminer kommen in Frage, sondern auch die Südtiroler (von Lageder), die sehr trocken und mit knackiger Säure sind, und natürlich auch die deutschen Tropfen. Probieren Sie auch einmal einen weißen Graves zu diesem Gericht!*

1 Wirsingkopf, 1 kg
3 Orangen, von Haut und Schale befreit, in Filets geschnitten
2 Äpfel, säuerlich (Boskop), geschält, entkernt, in Scheiben geschnitten
½ l Hühnerbrühe, Marke Eigenproduktion
15 Korianderkörner
15 Pfefferkörner, schwarz, gemörst
Salz
etwas Orangensaft
Butter zum Andünsten

LINSEN-RAGOUT
DAS REZEPT FINDEN
SIE AUF SEITE 97

STÜBBELS

1 Becher Crème fraîche
1 Becher süße Sahne
¼ l Hühnerbrühe
2 Schalotten, klitzeklein
geschnitten
150 g durch-
wachsenen Speck
1 Bund Schnittlauch
Salz
Pfeffer
6 Eigelb

Die nachfolgende Rezeptur kommt aus Ostpreußen. Besonders lecker sind die Stübbels mit den ersten neuen Kartoffeln, viel Schnittlauch und einem frischen Kopfsalat mit Öl und Essig angemacht.

Schalotten in klitzekleine Würfel schneiden, Speck in feine Streifen. Beides in Butter in einem Topf andünsten und mit Brühe, Crème fraîche und Sahne ablöschen.

Diese Flüssigkeit bei mittlerer Hitze um ⅓ reduzieren, dann die aufgeschlagenen Eigelb und den Schnittlauch beigeben und vom Feuer nehmen. Das Eigelb stockt, kommt an die Oberfläche und die Stübbels sind fertig. Eventuell mit etwas Salz und Pfeffer würzen, aber vorsichtig, meistens reicht schon die Würze des Specks.

✌ *Weine mit viel Fruchtcharme bieten eine subtile Ergänzung. Dazu gehören Rieslinge aus der Wachau, trockener Muskateller, Sauvignon Blanc und Silvaner. Gerne gebe ich allerdings zu, daß ein herbes Pils mir dazu auch sehr gut schmeckt.*

LINSEN-RAGOUT

Linsen in kaltem Wasser 3 Std. einweichen, dann mit Salz bei mittlerer Hitze gar kochen. Die Kochzeit beträgt zwischen 40-60 Min., je nach Alter der Linsen, also nach 40 Min. eine Garprobe machen. Die Linsen sollten noch bissig sein. Alle Gemüse klitzeklein schneiden, etwa doppelt so groß wie eine Linse.

Die Linsen nach der Garzeit abgießen, das Wasser wegschütten. In einem Topf Olivenöl erhitzen und die Gemüse andünsten, zuerst Karotten, Kartoffeln und Sellerie. Dann die Linsen, Frühlingszwiebeln, Lauch, Gurke und Chilischoten. Mit Brühe oder Wasser ablöschen, mit Salz, Pfeffer und Essig würzen. Petersilie beigeben und mit geschlossenem Deckel bei mittlerer Hitze 10 Min. köcheln lassen.

Die Gemüse sind dann gar, der Chili hat seine Schärfe verteilt und der Essig sorgt für eine appetitliche Säure. Dieses Linsengemüse paßt heiß oder lauwarm zu Fisch, Fleisch oder Spiegelei.

Ein Weißherbst aus Baden von Franz Keller macht mir großen Spaß zum Linsenragout. Der Silex-Pouilly-Fumé von Didier Dagueneau ist eine Sünde wert.

300 g Tellerlinsen
3 Stangen Frühlingszwiebeln
½ grüne Salatgurke
300 g Knollensellerie
3 Karotten
1 Stange Lauch
1 Chilischote, rot, scharf, nach Bedarf mehr
1 Bund Petersilie oder Schnittlauch nach Wahl
3 EL Balsamessig
½ Tasse Olivenöl
5 festkochende Kartoffeln
Salz
Pfeffer
¼ l Wasser oder Hühnerbrühe (besser)

SÜSS MACHT LUSTIG ODER DIE »VERSUCHUNG«

*Die Nachtischlust der Deutschen ist unge-
brochen. Gerne haben wir die ausländischen
süßen Klassiker wie Mousse au Chocolate,
Tiramisu und Panna cotta in unser Schokoherz
geschlossen. Aber auch Rote Grütze, Bayerische
Creme und flambierte Crêpes sind gern gesehen.*

*Von mir bekommen Sie noch weitere Kalorien-
bomben, die so lecker, köstlich und traumhaft
sind und noch nicht zu den Klassikern
gehören. – Noch nicht!*

*Mein schönstes Desserterlebnis fand in Zürich
im Restaurant Kronenhalle statt. Kommt doch
nach ausgiebigen Kalbsgeschnetzeltem der
auf allen Backen lachende Kellner mit zwei
riesengroßen Schüsseln an den Tisch: Mousse au
Chocolate von Weltruhm, dazu leicht gekühlte
französische Crème fraîche. Die Versuchung
nahm ihren Lauf. Noch heute läuft mir das
Wasser im Munde zusammen, wenn ich
Kronenhalle höre.*

GEBRATENE BIRNE MIT GORGONZOLA

*2 Birnen, Abate
oder Williams
200 g Gorgonzola
Butter
1 EL Honig*

Die Birnen schälen, entkernen und halbieren. Butter in einer Pfanne zerlassen, Birnen dazugeben und leicht anbraten. Den Honig beigeben, dabei die Pfanne bewegen, damit der Honig die Birnen leicht überzieht. Jetzt ab in den Backofen bei 200° C für 8-10 Min.

Die Birnen sind gar, wenn sie leicht glänzen und nach Honig duften, also raus aus dem Ofen. Den Gorgonzola dazugeben und mit einem edelsüßen Wein aus Italien oder Frankreich genießen. Lauwarm schmeckt's am Besten!

Würden Sie zu Birnen Rotwein trinken? Lieber nicht! Probieren Sie zu dem cremigen Blauschimmelkäse, der sich durch einen würzig-pikanten Geschmack auszeichnet, einen Dessertwein wie z.B. Recioto di Soave, Torcolato oder Ruländer Beerenauslesen und natürlich die Klassiker aus dem Sauternais.

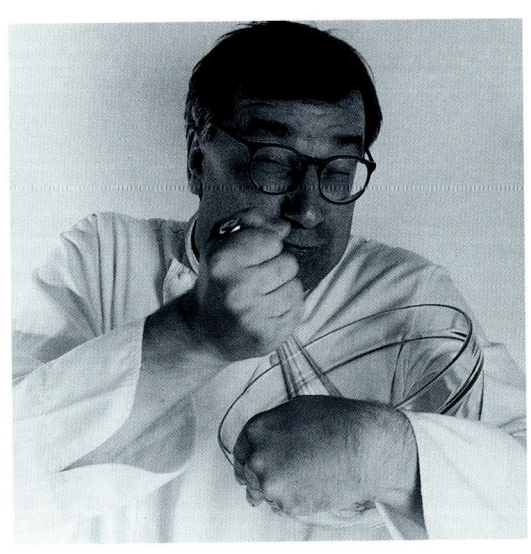

KIRSCHSUPPE MIT CRÊPES UND VANILLEEIS

Alle Zutaten für den Teig in einer Schüssel verrühren, 20 Min. ziehen lassen und in Butter ausbacken.

Die Hälfte der Kirschen entsteinen, den Rest nur säubern und vom Stiel befreien. Kirschen mit Zucker bestreuen und 20 Min. Saft ziehen lassen. Mit in Streifen geschnittenem frischen Ingwer, Zitronenschale, Zimt, Rotwein, Portwein und Wasser in einem Stieltopf 5 Min. bei kleiner Hitze köcheln lassen. Die Kirschen müssen von der Flüssigkeit bedeckt sein, also eventuell etwas mehr Wein oder Wasser beigeben, je nach Geschmack. Eventuell mit etwas Speisestärke binden.

Kirschen auskühlen lassen und mit Eis und Crêpes servieren.

✌ *Rosé-Champagner zur Kirschsuppe – hm. Auch ein Moscato Rosa aus Südtirol oder dem Friaul ist eine perfekte Ergänzung dazu, denn sie sind nicht zu süß und haben ein feines Säure Süße-Spiel.*

KIRSCHSUPPE
500 g Kirschen,
Schattenmorellen oder
nach Saison ½ Süßkirschen
und ½ Sauerkirschen
1 El Zucker
1 Stück Ingwer,
walnußgroß
1 klitzekleine Stange Zimt
Schale ½ Zitrone
2 Tassen Rotwein, Côte du
Rhône oder Chianti
½ Tasse Wasser
½ Tasse Portwein
etwas Speisestärke
zum Binden

CRÊPES-TEIG
¼ l Milch
150 g Mehl
3 ganze Eier
1 Prise Salz
Schuß Kirschwasser

ROQUEFORT-BLINIS MIT GEBRATENER BIRNE

3 Eier
150 g Mehl, durchgesiebt,
so wird es lockerer
¹/₄ l Milch
150 g Roquefort-Käse,
zerdrückt
Prise Salz
Prise Backpulver
Butter zum Ausbacken
unbedingt eine
beschichtete Pfanne

BIRNEN
Birnen halbieren oder
vierteln, in einer Pfanne
im Ofen 10 Min. braten

Kleine Pfannkuchen mit feinem Geschmack vom besten Schimmelkäse, dem Roquefort, das ist oberlecker. Dazu die saftige, gebratene Birne.

Die Zutaten für den Teig verrühren, dabei den Käse möglichst kleindrücken, mit einer Gabel geht es am besten. Den Teig 20 Min. ruhen lassen und in einer beschichteten Pfanne kleine Pfannkuchen (Blinis) ausbacken.

Vorher die Birnen schälen und vierteln. In einer Pfanne im 200° C heißen Backofen mit Butter braten. Während der Bratzeit die Birnen immer mit der braunen Butter begießen – sehr lecker!

✌ *Wichtig im Zusammenspiel mit dem »König der Käse« ist, daß die Weine einen hohen Anteil an Extrakt haben, um Harmonie am Gaumen herzustellen. Edelsüße Weine wie Sauternes, Tokaji Aszú und Eisweine aus Deutschland bringen hierzu Trinkvergnügen.*

HERRENCREME

Eigelb mit Mehl und Zucker schaumig rühren. Vanilleschote auskratzen und in der Milch 10 Min. ausköcheln lassen. Dann die Schote entfernen und die Vanillemilch in die Eimischung rühren, nach und nach, so daß eine sämige Konsistenz entsteht.

Diese Mischung in einen Topf geben und unter ständigem Rühren einmal leicht aufkochen lassen – so entsteht eine sämige Pudding-masse. Diesen Pudding 2 Std. im Kühlschrank erkalten lassen. Sahne leicht zuckern und steif schlagen. Schokolade raspeln und mit der Sahne unter den Pudding geben. Mit 1 EL Rum verfeinern.

Am besten paßt ein Gläschen Rum dazu, den Sie auch zur Zubereitung verwenden.

5 Eigelb
100 g Zucker
40 g Mehl
½ l Milch
1 Vanilleschote
1 Becher süße Sahne
50 g bittere Schokolade
1 EL Rum

BANANEN
IN RICARD MIT EIS

2 Bananen, halbiert
1 Becher süße Sahne
mind. 4 EL Ricard
(unbedingt Ricard
verwenden, ist nicht so
süß wie Pernod)
große Pfanne mit
flachem Rand

Bananen von der Schale befreien, dann halbieren und der Länge nach durchschneiden. So bekommt man aus einer Banane vier gleichgroße Stücke. Diese werden in Butter in einer Pfanne bei schwacher Hitze gebraten. Es darf eine schwache, braune Kruste entstehen. Aber vorsichtig: Die Bananen dürfen nicht zermatschen, also nur schwache Hitze!

Nun gießt man pro Banane 2 EL Ricard in die Pfanne. Mit einem Streichholz setzt man die ganze Geschichte in Brand. Die Pfanne immer schön bewegen, so daß der Alkohol verdunstet. Es riecht traumhaft nach Ricard . . .

Als Krönung kommt noch ein Becher süße Sahne über die Bananen und fertig. Ein Nachtisch, der mit Vanilleeis und gerösteten Mandeln einfach köstlich mundet.

✌ *Ein Petit Arvine aus dem Wallis hat mir große Freude bereitet. Aber auch ein Recioto di Soave vermag es meisterlich, die Anis- und Bananentöne zu vereinen.*

MELONENSALAT MIT
BEAUME DE VENISE UND EIS

Reife Melonen haben ein schönes Aroma und duften, sie klingen beim Beklopfen leicht hohl, also Augen auf beim Melonenkauf und nach dem Alter der Früchte fragen, denn billig sind sie gerade nicht.

Melonen halbieren und entkernen und mit einem Eßlöffel mundgerechte Stücke auslösen, in eine gekühlte Schüssel geben und mit der Hälfte des Weines (Beaume den Venise oder Vin Santo) begießen.

Mandelstifte in Butter rösten und auf Küchenkrepp entfetten. Nun die marinierten Melonenstücke auf einen Teller geben. Mandeln und Vanilleeis dazu und mit einem Gläschen Beaume de Venise servieren. Eiskalt schmeckt alles am Besten.

✌ *Muskateller, Grauburgunder Auslesen, Vouvray demi-sec, auch reifere Riesling Auslesen machen diesen Salat, der so herrlich erfrischend ist, zum perfekten Abschluß eines Sommermenüs. Suchen Sie einen Dessertwein aus, der nicht zu süß ist und der durch exotisch anmutende Aromen eine wunderbare Ergänzung zur Melone und den Mandeln bietet.*

Verschiedene Zuckermelonen, z.B. Galia, Honig, Ogen Vanilleeis Mandelstifte, geröstet ¹/₂ l Beaume de Venise oder weißen Portwein oder ital. Vin Santo

FLAMBIERTE CRÊPES MIT ORANGE

CRÊPES-TEIG
150 g Mehl
3 Eier
¼ l Milch
1 Messerspitze Salz
1 Messerspitze Backpulver

ORANGEN
4 Orangen,
unbehandelt
40 g Zucker
Saft von Orangen
2 EL Cointreau

Alle Zutaten für den Crêpesteig verrühren und 20 Min. ruhen lassen.

Die Orangen von der Schale befreien – ohne weiße Haut – und dann in Filets schneiden. Die Haut in feine Streifen schneiden und in kochendem Wasser ganz kurz blanchieren. Zucker und Butter in einem Topf zerlassen, die Hautstreifen, Filets und Orangensaft beigeben. Leicht einkochen lassen, so daß die Filets nicht zerfallen!!

Crêpes mit Butter in einer Pfanne ausbacken, mit Orangenschnaps begießen, anstecken, schön durchschwenken und die Orangenfilet-Mischung dazugeben. Es müssen schon 2-3 EL Cointreau sein. Durch das Flambieren bildet sich ein feiner Orangenhauch auf den Crêpes. Dazu die saftigen Filets – einfach köstlich! Fehlt nur noch der Champagner.

✌ *Gießen Sie in ein Champagnerglas etwas Grand Marnier hinein und füllen Sie den Champagner auf. Dies ist wohl die gelungenste Kombination. Gewürztraminer Beerenauslese oder Selection des Grain nobles ist ebenfalls eine verführerische Ergänzung.*

MEINE LIEBLINGS-RESTAURANTS

LE CANARD
ELBCHAUSSEE 139
22763 HAMBURG
TEL.: 0 40 / 8 80 50 57

Josef Viehhauser ist für mich der beste Koch Hamburgs! Schnörkellose, klare und kreative Küche. Unbedingt probieren: Saibling auf Bohnenpüree und Ingwersauce, Labskaus von gepökelter Entenbrust mit Wachtelspiegelei. Bislang wurde ich nie enttäuscht. Immer gute Weintips vom Bruder und Sommelier Toni Viehhauser, dazu der traumhafte Blick auf die Elbe aus dem wunderbar gestalteten Restaurant.

Klassische Küche von Heinz Wehmann. Habe bislang nur mittags im Bistro gegessen – geschmackvoller gefüllter Ochsenschwanz und traumhafte köstliche Ente. Locker, freundliche Bedienung, demnächst gehe ich abends ins Restaurant.

LANDHAUS SCHERRER
ELBCHAUSSEE 130
22763 HAMBURG
TEL.: 040 / 8 80 13 25

Der Edelchinese in Hamburg gehört zu den besten asiatischen Restaurants in Deutschland. Vom Lammfilet bis Hummerschwanz, alles auf den Punkt und raffiniert gewürzt. Gute Weine, lockere Dim Sums und endlich einmal heiße Tücher.

TAO
POSTSTR. 37
20354 HAMBURG
TEL.: 0 40 / 34 02 30

Nicht nur Promi-Gäste im Gropius-Design. Nein, auch schnörkellose Küche von Axel Henkel. Beim letzten Besuch Kabeljau auf Steckrüben – zum Tellerablecken. Guter Service, gute Weinpreise.

ZEICK
OBERSTR. 14 A
20144 HAMBURG
TEL.: 0 40 / 4 20 40 14

Unkomplizierte italienische Küche, gleich neben der Fabrik in Altona. Tolle Antipasti, riesengroße Pizzen und eine saftige Seezunge in Butter gebraten. Dazu ein preiswertes Weinangebot, gute Stimmung der Kellner, das macht Spaß!

MAMMA MIA
BERNER STR. 72
22145 HAMBURG
TEL.: 0 40 / 3 90 03 86

Gute Atmosphäre im Lagerhauslook. Pizza Margharita unübertroffen, im Sommer gab es eine leckere Paprikasuppe – leicht und locker. So wünsche ich mir auch den Service.

EISENSTEIN
FRIEDENSALLEE 9
22765 HAMBURG
TEL.: 0 40 / 3 90 46 06

RIVE
VAN-DER-SMISSEN-STR. 1
22767 HAMBURG
TEL.: 0 40 / 3 80 59 19

Das Fischbistro am Hafen. Schönes Ambiente, einzigartiger Hafenblick. Hamburger Menü am Mittag mit einer sensationellen Hummersuppe – der Rest war Durchschnitt. Ein Kellner war freundlich! Unbedingt reservieren, viel Schickimicki.

HSIE LIN MEN
HAMBURGER REEPERBAHN
NOBISTOR 14
22767 HAMBURG
TEL.: 0 40 / 3 19 55 10

Köstliche Dim Sums und gebackene Entenfüße, kein übliches China-design. Erstklassig geröstete Ente, leider minimale Weinauswahl, dafür diverse Schnäpse. Hier bin ich immer nett und freundlich bedient worden.

KÖSTLICH
ANBERG 1
20459 HAMBURG
TEL.: 0 40 / 36 36 98
SAMSTAG MITTAG
GESCHLOSSEN

Beste Antipasti im Stehen, von Meisterhand hergestellt. Frau Budweg liefert genaue Weinbe-schreibungen zu glasweise einge-schenkten Edelkreszenzen gleich mit. Eingelegte Schalotten und Tafelspitz süß-sauer als Antipasti, einfach toll. Zwei, drei Hocker mehr wären gut, sonst alles o.k.

BLOCKHOUSE
DAS STEAKHOUSE
HAMBURG

Mit die beste Steakhouse-Kette in Deutschland. In Hamburg gleich 13-mal vertreten. Erfreuliche Preise, leider kleine Weinauswahl. Und der Salat ist immer zu kalt, genau wie das Bier. Dafür erstklassige Fleischqualität.

TRE DE FONTANE
MUNDSBURGER DAMM 45
22087 HAMBURG
TEL.: 0 40 / 22 31 93

Die ungekrönte Pastakönigin in Hamburg ist und bleibt Christine Pieretti. Großartige Tortellini, hin-terher saftige Kalbsleber, dazu sau-berer Wein. Einfach ausgezeichnet.

Patron Rüdiger Kowalke hat alles im Griff: Die Promis, den kontinuierlich schmackhaften Fisch, die große Weinauswahl und die Preise. Vorweg eine Miniportion Labskaus und hinterher den Steinbutt, dazu super-toller Elbblick. Unbedingt reservieren.

FISCHEREIHAFEN RESTAURANT GROSSE ELBSTR. 143 22767 HAMBURG TEL.: 040 / 38 18 16

Auf eine schnelle, ordentliche Nudel gehe ich gerne in Hamburgs erstes Nudelrestaurant. Das zu kalte Bier müßte einen Schnellzapfpreis bekommen und vor dem Billigwein muß gewarnt werden – aber die Nudeln . . .

CASO DELLA PASTA GÄNSEMARKTPASSAGE 20354 HAMBURG TEL.: 0 40 / 34 53 95

Im »Viehhauser Ambiente« fühlt man sich wohl. Grandioses Kalbsschnitzel mit Kartoffelsalat und einen saftigen, umwerfenden Tafelspitz gegessen. Gut so, Meister Stocker – solche Küche / Köche braucht Hamburg.

ÖSTERREICHER MARTINISTR. 11 20251 HAMBURG TEL.: 0 40 / 4 60 48 30 SONNTAG UND MONTAG GESCHLOSSEN

Besuche das Westminster erst seit gut einem halben Jahr. Die außergewöhnlichen Matjes haben mich in den Keller gelockt. Unbedingt die irischen Austern probieren und nach Stammessen fragen. Freundliche Bedienung bei leichten Preisen. Und diese Matjes!

WESTMINSTER BISTRO AM BAUMWALL 20459 HAMBURG TEL.: 0 40 / 37 14 04

Guter, preiswerter Mittagstisch in lockerer Umgebung. Königsberger Klopse und Tafelspitz waren tadellos. Riesige Weinauswahl mit guter Beratung. War bisher nur mittags da.

KLEIN HUIS ESPLANADE 11 20354 HAMBURG TEL.: 0 40 / 30 05 89

WURSTSTAND BEI C&A
MÖNCKEBERGSTR.
20095 HAMBURG

Ein sauberer »Edelstahlgrillplatz« direkt vor C&A. Perfekte Schinken, Krakauer und Bratwurst. Die Currywurst sehr gut gewürzt, dazu geschmackvoll-scharfe Sauce. Und wie gesagt, immer sauber, locker mit einem kleinen Spruch dazu – gut so.

GOSCH AM HAUPTBAHNHOF
WANDELHALLE
HAMBURG

Gute Matjes mit Bratkartoffeln, die frischgebratenen Scampis können sich auch sehen lassen. Hatten 'mal ein tolles Weinangebot, aber wahrscheinlich gibt der Hauptbahnhof das nicht her. Öfter 'mal die Tische wischen – danke!

114

Tolle ausgewogene Kochleistung vom Schwarzwälder Siegfried Kirner. Man weiß nicht, ob ihn die Karpfen oder der Spargel in den Norden verschlagen haben, aber beides präsentiert er schnörkellos. Immer gut für einen Weintip. Einer meiner besten Freunde ist dort Stammgast – also auf nach Reinfeld. Am besten zur Spargelzeit und hinterher einmal um den See.

HOLSTEINISCHER HOF
PAUL-VON-SCHÖNAICH-STR. 50
23858 REINFELD
TEL.: 0 45 33 / 23 41

Saubere, regionale Küche. Zur Wildzeit umfangreiches Angebot von Hirsch, Ente oder Fasan. Habe letztes Mal zur Spargelzeit ein grandioses Kalbsmedaillon gegessen. Gute Weinkarte, schöne Zimmer, toller See. Feste Schuhe für Spaziergang mitnehmen, weil da alles so matschig ist.

WALDSCHLÖSSCHEN
HAUPTMANN-BÖSES-STR. 19
27624 BEDERKESA-BÖSEHOF
TEL.: 0 47 45 / 94 80

In gediegenem Ambiente einige Male hervorragend gegessen. Vom ganzen Saibling bis zur Lammkeule, alles vom Feinsten. Vom Koch Joachim Wissler wird man noch einiges hören, er ist nicht umsonst Aufsteiger des Jahres '94 geworden. Der Maitre de Hotel, Karl Momberg, schenkt mit strahlender Souveränität die feinsten Weine ein. Und hinterher eine Nacht in der Rheingau-Suite – was kostet die Welt ...

RESTAURANT MACOBRUNN
SCHLOSS REINHARTSHAUSEN
HAUPTSTRASSE 23
65346 ERBACH
TEL.: 0 61 23 / 67 64 30
WOCHENTAGS NUR ABENDS

Im Bistro wundervolle leichte Küche genossen – dazu eine tolle Weinkarte mit lockerer Bedienung.

KRONENSCHLÖSSCHEN
RHEINALLEE – 65347 HATTENHEIM
TEL.: 0 67 23 / 6 40

ADLER WIRTSCHAFT
HAUPTSTR. 31
65347 HATTENHEIM
TEL.: 0 67 23 / 79 82

Alles läuft zu Franz Keller jun. – aus Wiesbaden, Frankfurt und Co., um seine lockere Wirtschaft zu bestaunen. Einfacher Salat mit geschmackloser Poulardenbrust hat mich nicht umgehauen. Vielleicht muß man öfter hin, gute Weine und wirklich gute Atmosphäre.

ERNOS-BISTRO
LIEBIGSTR. 15
60323 FRANKFURT
TEL.: 0 69 / 72 19 97

Sehr kontinuierliche französische Bistro-Küche, vom perfekt abgeschmeckten Salat bis auf den Punkt gegarten Fisch – alles grandios. Dazu lockere versierte Bedienung mit sehr guten Weinkenntnissen. So macht Essen Spaß – wäre ich nur öfter in Frankfurt!

CASSA DE GRASSO
EIFELPLATZ 4
50677 KÖLN
TEL.: 02 21 / 32 24 33

Witziges italienisches Lokal, wo der Chef nicht nur kocht und serviert, sondern zwischendurch auf dem Piano spielt – a la Paolo Conte. Gute Pasta, solide Weinpreise – man geht hin, weil man sich kennt.

SASSELLA RISTORANTE
KARTHÄUSERPLATZ 21
53129 BONN
TEL.: 02 28 / 53 08 15

Unkompliziertes italienisches Restaurant mit sehr geschmackvoller Küche. Risotto, Pasta, Kalbsleber – alles super. Freundliche Chefs, die Ihnen gerne den Degustationsraum im Keller hinter der Küche zeigen – großer Tisch – große Weine – tolles Ambiente.

RESTAURANT MARRON
PROVINIZIALSTR. 35
53127 BONN
TEL.: 02 28 / 25 32 61

Habe im Bistro le Galopin gegessen, vorzügliches Perlhuhn und saftiger Lachs, tolle Weine, moderne Einrichtung, freundliche Kellner.

116

In keinem besternten Restaurant habe ich so oft gegessen wie in der Aubergine. Als der Großmeister Witzigmann noch selbst in der Küche stand, wäre ich vor lauter Euphorie fast verrückt geworden. Hier stimmt einfach alles: Die einzelnen Gerichte aufzuzählen wäre mühsam, alles sensationell, perfekt, mit geschmacklichen Kontrasten. Selbst meine Münchner Freunde sind entzückt. Gehen auch Sie einfach hin, leicht und locker, das erfreut Eckart Witzigmann. Seit November '95 leider geschlossen. Die weitere Entwicklung bleibt abzuwarten.

AUBERGINE
MAXIMILIANPLATZ 5
80383 MÜNCHEN
TEL.: 0 89 / 59 81 71

Ex-Auberginenkoch Jo Gasser hat Ex-Maître Pireddu mitgenommen, und beide zaubern im Maximiliano Feinstes aus Italien. Eine perfekte Bedienung, versteht sich, und gutes Preis-Leistungs-Verhältnis.

MAXIMILIANO
RABLSTR. 10
81669 MÜNCHEN
TEL.: 0 89 / 4 48 44 05

D i e Vinothek in München (im Hotel Excelsior)! Urgemütlich, Spitzen-Weine, glasweise, und passable Schmankerl. Hauchdünner Schinken auf einer feuerroten Aufschnittmaschine mit Hand geschnitten und perfekt serviert, beides zusammen schon ein Besuch wert.

GEISELS VINOTHEK
SCHÜTZENSTR. 11
80335 MÜNCHEN
TEL.: 0 89 / 55 13 70

Bistroküche für jedermann, alles leicht, locker und gemütlich, eingeschränkte Weinkarte, passable Küche, wunderbarer Schokoladenkuchen.

RUE DES HALLES
STEINSTR. 18
81667 MÜNCHEN
TEL.: 0 89 / 48 56 75

SCHUMANN'S
AMERICA BAR
MAXIMILIANSTR. 36
80539 MÜNCHEN
TEL.: 0 89 / 22 90 60

Immer noch Deutschlands Barmann Nr. 1. Bester trockener Martini der Welt – glaubte ich jedenfalls nach dem 3. Glas. Unbedingt die Roastbeefbrote probieren, dick – saftig – lecker. Die Promis stören nicht.

NACHTKAFFEE
MAXIMILIANPLATZ 5
80383 MÜNCHEN
TEL.: 0 89 / 59 59 00

Habe ich mir doch bei meinem letzten Besuch (2.30 Uhr) ein Wiener Schnitzel der Spitzenklasse schmecken lassen. Perfekt gebraten, mit wunderbarem Kartoffelsalat. Dazu Live-Musik und volle Bude. Unbedingt hingehen.

WEISSES BRÄUHAUS
TAL 10 (INNENSTADT)
80331 MÜNCHEN
TEL.: 0 89 / 29 98 75

Nur einen Katzensprung vom Viktualienmarkt entfernt. Umfangreiche bayerische Spezialitäten, vom geschmorten Euter über Kalbskutteln bis zum immer guten Schweinebraten. Sehr freundliche Bedienung (TV-erfahren) und gute Stammtischlaune zur Mittagszeit. Lohnt sich immer.

SUPPENSTAND
AM VIKTUALIENMARKT
80331 MÜNCHEN

Schmackhafte traditionsreiche Suppenküche, hier lernt man dicht gedrängt und Suppe schlürfend die Münchner Originale vom Viktualienmarkt kennen.

GASTSTÄTTE GROSSMARKTHALLE
KOCHELSEESTR. 13 – 81371 MÜNCHEN
TEL.: 0 89 / 76 45 31

Jo, mei, hier gibts Münchens beste Weißwurst und schmackhafte Schmankerln.

Große Gaststube direkt am Brauhaus. Erst seit kurzem gibt es dort preiswerte Münchner Küche und frisches, süffiges Bier. Unbedingt die Ente mit Knödeln und das Spanferkel probieren. Gute Suppen.

AUGUSTINER
BIERSTUBEN
LANDSBERGER STR. 19
80339 MÜNCHEN
TEL.: 0 89 / 50 70 47

Schlemmerstand im Delikatessenhaus. Samstagvormittags: Etwas Champagner, kleine Kaviarhappen vom Feinsten, alles in original Münchner Flair – hört sich doch gut an, oder?

DALLMAYR
DIENERSTR. 14-15
80331 MÜNCHEN
TEL.: 0 89 / 21 35 100

In gepflegter Gaststube mit guter Weinauswahl, alles frisch aus eigener Schlachtung. Knackige Salate, leckere Suppen und unbedingt das Kalbfleisch probieren. Limms Bries-Milzwurst und seine Weißwürste sind weit über die Grenzen beliebt und bekannt.

GASTHAUS LIMM – NEUWIRT
HAUPTSTR. 29
82541 MÜNSING / STARNBERGER SEE
TEL.: 0 81 77 / 4 11

Hier kocht Urbayer Alfons Schuhbeck; er hat mit seinem Bayerncharme viel für die kulinarische Region getan. Beim letzten Besuch war die Bedienung etwas durcheinander, aber die Speisen geschmacklich einwandfrei und preislich o.k. Unbedingt hingehen.

KURHAUSSTÜBL
83329 WAGING AM SEE
TEL.: 0 86 81 / 4 00 90

In feinstem Rahmen bei einem der besten Köche Deutschlands herausragend gegessen. Das ist zwar schon 2 Jahre her, aber den Spargel in Rotweinbutter vergesse ich nie. Wundervolle Zimmer mit barocken Grundmauern – sehenswert.

RESIDENZ IN ASCHAU
HEINZ WINKLER
KIRCHPLATZ 1
83229 ASCHAU IM CHIEMGAU
TEL.: 0 80 52 / 1 79 90

MEINE SCHÖNSTEN EINKAUFS-ADRESSEN

TRAITEUR WILLE
GOTTSCHEDSTR. 13
22301 HAMBURG
TEL.: 0 40 / 27 49 66
BIS 19.00 UHR
GEÖFFNET

Freundliches Ambiente, dazu geschmackvolle, schnörkellose Küche. Mit viel Routine, aber kreativ gekocht. Immer gut, der Graved Lachsteller mit Rösti oder die Lachslasagne – das alles zum Tellerabschlecken. Lockere, freundliche Bedienung und dazu alles bezahlbar. Unbedingt Pasteten mit nach Hause nehmen. Der Partyservice ist mit vom Besten, was Hamburg hat. Gute Beratung!

Spitzenweine aus Burgund/Bordeaux. Gute fachliche Beratung. Organisieren auch Weinproben. Hier kaufe ich meine Bordeaux und Burgunder.

GRAND CRU SELECT
SCHLOSS REINHARDSHAUSEN
HAUPTSTRASSE 4
65346 ELTVILLE
TEL.: 0 61 23 / 9 23 40

Spitzengewächse aus Deutschland und Österreich, auch Bordeaux und Burgunder. Gute Beratung von Toni Viehhauser, der mit seinem Bruder Josef (Le Canard) sehr gute Weinproben organisiert. Immer gut für eine Schnapsempfehlung von Pfau, Gölles und Gasser. Bestes Angebot an deutschen Spitzenweinen.

WEINHANDLUNG VIEHHAUSER
MARTINISTR. 11
20251 HAMBURG
TEL.: 0 40 / 4 80 78 89

Fachhandel für Fische, Krustentiere und Meerestiere aus alle Welt. Guter Räucherlachs, frische Hummer und Langustenschwänze, bislang in Top-Qualität. Zu erhalten auch in kleinen Mengen – fragen Sie einfach nach Herrn Sievers.

CHRISTIAN GOEDEKEN JR.
GR. ELBSTR. 210
22767 HAMBURG
TEL.: 0 40 / 38 90 80

Tolles, umfangreiches Sortiment an Koch- und Weinbüchern.

THALIA-BUCHHANDLUNG
GR. BLEICHEN 19 · 20354 HAMBURG
TEL.: 0 40 / 3 02 07 01

Für mich die Küchenplaner – jung, dynamisch und nicht unverschämt teuer. Haben auch meine Küche auf Vordermann gebracht.

DELTA DESIGN
DORFSTR. 84
21640 NEUENKIRCHEN
TEL.: 0 51 63 / 55 11

Exportiert die wohl beste bittere Schokolade der Welt (Valrhona). Verkauf von größeren Mengen – was soll's – Bezugsquellen anfordern. Die Mandel- und Haselnußkern Bitterschokolade – unbedingt kaufen!

HAMEGG UND NOOTBAAR GMBH
BERGKOPPELWEG 59
22145 HAMBURG
TEL.: 0 40 / 6 78 20 21

LEYSIEFFER CONFISERIE
HAMBURG, SYLT,
OSNABRÜCK, BREMEN

Mit 19 Filialen beglückt Leysieffer die Herzen der Schokaholics. Leysieffer hat einen hohen Qualitätsanspruch – ob Rote Grütze, Marmelade, Bistrogerichte oder die Lebkuchen. Nur aus den feinsten Zutaten zaubert er bezahlbare Köstlichkeiten für jedermann.

VON CHILISENF BIS SCHINKENSPECK:
JOSEF HEPTING - METZGEREI
JAHNSTR. 1 · 78136 SCHONACH
TEL.: 0 77 22 / 53 00

Schön fester Schwarzwälder Speck und Schinken, hausgemachte Wurst in Dosen.

FATTORIA LA VIALLA
MELICIANO 26
ITALIEN · 52029 CASTIGLION FIBOCCHI
TEL.: 00 39 / 5 75 / 36 43 72
FAX: 00 39 / 5 75 / 36 46 23

Bioerzeugnisse direkt vom Weingut in der Toskana. Lieferung frei Haus in ganz Deutschland. Unbedingt den wunderschön aufgemachten Prospekt bestellen. Besonders zu empfehlen: Schafkäse, weißes Mehl und Marmelade.

ELLY SEIDL - PRALINEN
MAFFEISTR. 1 UND
SPIEGELSTR. 8
80333 MÜNCHEN

Hausgemachte Pralinen und Schokolade. Haben die besten gefüllten Nougat-Katzenzungen der Welt, die ich kenne.

MONSCHAUER - WEINKONTOR
GUIDO BREUER
LAUFENSTR. 118
52156 MONSCHAU
TEL.: 0 24 72 / 22 45

Guido Breuer macht einen traumhaften, grobkörnigen Senf in verschiedenen Geschmacksrichtungen. Unbedingt die Estragonversion probieren. Versand in ganz Deutschland.

VINTAGE - WEINHANDEL
UND RESTAURANT
PFEILSTR. 31-35
50672 KÖLN
TEL.: 02 21 / 2 58 29 18

Was Claudia und Michael Stern da in Köln machen, ist schon einzigartig: Bistro, Restaurant, Weinhandel, professionelle Weinseminare und mehr. Alles an Wein, was das Herz begehrt. Dazu tolles Olivenöl, Senf aus Kalifornien und gewürzte Nudeln.

Für mich das schönste Bistro in ganz Deutschland. Unkomplizierte Küche vom Sternekoch Rüdiger König. Unbedingt Hummer mit Nudeln und Schellfisch probieren. Reiche Cognac- und Marmeladenauswahl, die Saucen in Gläsern kaufen.

GRASHOFF - BISTRO UND DELIKATESSENHANDLUNG CONTRESCARPE 80 28195 BREMEN TEL.: 04 21 / 1 47 40

Frisches Eiderländer Lammfleisch in Spitzenqualität, Roastbeef im Ganzen vom Friesisch-Ochs. Auch ein gutes Frischfleischangebot.

DELTA FLEISCH GmbH SCHLACHTHOF 20357 HAMBURG TEL.: 0 40 / 43 16 10

Sehr gutes Essig- und Ölangebot, schwarze Taggiasca-Oliven, graues Meersalz und grüne Linsen aus Le Puy (Auvergne). Versand in ganz Deutschland.

EPIARIE FINE DÜRENER STR. 42 40223 DÜSSELDORF TEL.: 02 11 / 15 42 81/82

Bester frischer Saibling in Deutschland, immer Topqualität. Räucherspezialitäten, unbedingt die Wikingerversion probieren. Versenden gekühlt in Deutschland. Auch gebeizte Lachse und Saibling.

KREIDESEEDELIKATESSEN PÖPKE DORFSTR. 9 21745 HEMMOOR TEL.: 0 47 71 / 74 97

Beöthy hat bestes Freilandgeflügel – biologisch-kontrolliert aufgezogen. Alle Entensorten, Hühner und wunderbare Gänse zu Weihnachten. Seine Perlhühner sind kaum zu übertreffen.

SCHLARAFFENLAND JANOSH VON BEÖTHY SÜDERWESTERSEITE 12 21775 STEINAU TEL.: 0 47 56 / 80 08 ODER 81 71

Top Designerqualitäten, tolle Pfeffermühlen, Alessi-Cusina und Bratpfannen für jedermann. Der Designexperte in Hamburg.

CERAMIC-ART ECKHARD SCHÜTTE KAUFMANNSHOF-PASSAGE 20354 HAMBURG TEL.: 0 40 / 34 39 12

WILLIAMS - SELECTION
MAXIMILIANSTR. 16
80539 MÜNCHEN

Edel-Küchen-Shop mit saftigen Preisen – dafür nur Topqualität.

GEBR. JÜRGENS
MITTELWEG 125
20148 HAMBURG
TEL.: 0 40 / 44 31 97

Küchenutensilien für jedermann, vom Kartoffelschäler bis zum Edelbräter. Das Ganze mit fachlichversierter Beratung. Fast eine Institution in Hamburg.

FROMAGE UND BISTRO
IM ALSTERHAUS
JUNGFERNSTIEG 16-18
20354 HAMBURG
TEL.: 0 40 / 35 90 13 84

Tolles Käseangebot mit freundlichversierter Beratung - schöner alter Bergkäse. Alles an Ziegen- und Schafkäse. An der Theke unbedingt gebackenen Camembert probieren.

STEFANI CANALI
WEINGUT NITTARDI/TOSKANA
EPPSTEINER STR. 3
60323 FRANKFURT / MAIN
TEL.: 0 69 / 72 09 99

Schöne Chiantis vom eigenen Weingut, einmaliges Olivenöl und Grappa. Die Rundschreiben von Frau Canali sind immer prächtig und repräsentativ aufgemacht. Auf Nittardi kann man auch Sprach-, Koch- und Kunsturlaub buchen – Prospekt anfordern.

HANSEATIC TEA
HANDELSGESELLSCHAFT
BEI DEN MÜHREN 69A
20457 HAMBURG
TEL.: 0 40 / 37 84 28

Umfangreiches Teeangebot. Versand in ganz Deutschland. Sehr gute grüne Tees.

COOPERATIVE OLEICOLE DE LA
BALLEE DES BAUX
F 13520 MAUSSANE - LES ALPILLES
TEL.: 00 33 / 9 0 54 32 37

Hier beziehe ich mein Olivenöl, das wohl beste der Provence. Möglichst schriftlich bestellen (ab 6 Flaschen).

Beste Leber- und Blutwurst. Die Bries-Milzwurst ist ohnehin Legende – unbedingt bestellen.

GASTHAUS UND METZGEREI LIMM
HAUPTSTR. 29
82541 MÜNSING / STARNBERGER SEE
TEL.: 0 81 77 / 4 11

Vom Grauen Burgunder aus Slowenien bis zum französischen Spitzengewächs. Solides bezahlbares Weinangebot – exzellente Weine aus dem Piemont von Vibertie. Besorgt Entenleber und Parfait in Spitzenqualität aus Frankreich. Gutes Essigangebot.

DIENSTBIER WEINHANDLUNG
FRIEDRICH-EBERT-STR. 11 A
50354 HÜRTH
TEL.: 0 22 33 / 9 72 31 12

Italienische Spezialitäten und Weine. Sehr gute Kapern in Salz, Nudeln von Martelli, guten Parmesan und leckere Fenchelsalami.

HARALD BREMER
EFEUWEG 3
38104 BRAUNSCHWEIG
TEL.: 05 31 / 23 73 60

Zigarrenraucher aufgepaßt! – Hier gibt's Zigarren vom Feinsten. Was Mutter und Tochter da anbieten, kommt frisch aus dem Homidur, und jede Zigarre ist einzeln zu haben. Hier wird man zum Zigarrenraucher – einzigartig in Deutschland.

TABAC COLLEGIUM
RICHARTZSTR. 12
50667 KÖLN
TEL.: 0 20 21 / 2 57 87 65

Funktionale und bezahlbare Glas-Serien. Ein Muß auf jeder Tafel. Bezugsquellen anfordern!

FA. SPIEGELAU
HAUPTSTR. 2-4
94518 SPIEGELAU
TEL.: 0 85 53 / 24 00

MEINE LIEBLINGS-KOCHLEKTÜRE

GELIEBTE KÜCHE
ELFI COSTY
EIN KOCHBUCH FÜR
LEUTE MIT GESCHMACK
EIGENVERLAG

Wunderbar gemachtes Kochbuch, genaue Erklärungen der Grundzutaten – auf Jahreszeiten abgestimmt. Übersichtlicher Menüaufbau mit verschiedenen Variationsmöglichkeiten. Ein Muß im Regal.

TOSKANA, KÜCHE, LAND UND LEUTE
MARTINA MEUTH
BERND NEUNER-DUTTENHOFER
DROEMER-KNAUR-VERLAG

Keiner beschreibt die Landschaft und das Essen in der Toskana so einfühlsam wie Meuth/Neuner-Duttenhofer.

DAS GROSSE BUCH VOM FISCH
TEUBNER EDITION

Alle Informationen, die man über das Nahrungsmittel Fisch benötigt – vom Fang bis auf den Tisch. Was fehlt, sind Weinempfehlungen.

Großartige Rezepte von Fritz Schilling aus den Schweizer Stuben – immer ein Hauch Süden . Ich bin begeistert! Fotos von Großmeister Willsberger. Nur über Schweizer Stuben erhältlich.

MEINE KÜCHE DES SÜDENS
SCHWEIZER STUBEN –
KULINARISCHE IMPRESSIONEN
GEISELBRUNNWEG 11
97877 WERTHEIM-BETTINGEN

Professionell gemachtes Buch über Lachs. Vom Beizen und Pökeln bis zur klassischen Zubereitung alles vorhanden – sogar Weinempfehlungen! Kurz und bündig , sehr gut.

LACHS
HANS GERD KÜBEL
HÄDECKE VERLAG

Gutes Fotokochbuch mit nachvollziehbaren Rezepten. Hiermit läßt sich das Kochen lernen.

KOCHEN - DIE NEUE GROSSE SCHULE
ARNOLD ZABERT
ZABERT/SANDMANN

Hausmannskost vom »Jahrhundertkoch«, von Forelle bis Fleischpflanzl – sehr gut. Der Einstieg in die gehobene Kochkunst.

MEINE HUNDERT HAUSREZEPTE
ECKHARD WITZIGMANN
SÜDWEST - VERLAG

Von allen Siebeck-Büchern meine Lieblingsschwarte, tolle Fotos – bewährtes Siebeck-Motto: »Traditionelles aus unserem Land«.

DIE FEINSCHMECKER KOCHSCHULE
WOLFRAM SIEBECK
HEYNE VERLAG

Das kann er, der Alfons Schuhbeck. Bayerisch kochen ohne Hubschrauber und Hummerschwanz. Ein Muß für Bayern-Fans.

DAS NEUE BAYRISCHE KOCHBUCH
VON ALFONS SCHUHBECK
ZABERT/SANDMANN

Wer Vollwert-Küche mag, sollte dieses Buch besitzen. Tolle Salate und Kartoffelideen. Ein Hoch auf unsere »Sterne-Kochfrau«.

MEINE VOLLWERT - KÜCHE
DORIS KATHARINA HESSLER
ZABERT/SANDMANN

127

DIE HOHE SCHULE
DES LEICHTEN MENÜS
AGNES AMBERG
STERN-BUCH
GRUNER + JAHR

Ein gutes, übersichtlich gemachtes Menükochbuch aus dem »Stern«. Hier erfährt man einfach alles: sieden, dünsten, pochieren. Bei den 30 Kapiteln merkt man die Kochschulerfahrung der leider verstorbenen Agnes Amberg. Ein Muß!

KULINARISCHE KREATIONEN
ECKHARD WITZIGMANN
HEYNE VERLAG

Kein Buch habe ich so oft in der Hand wie die »Kulinarischen Kreationen«. Große Sterneküche mit vielen Anregungen. Genaues Nachkochen ist aber harte Arbeit – wieder Fotos von Willsberger.

FOOD- UND WEINJOURNAL-EMPFEHLUNGEN

Gut gemachtes Monatsjournal, appetitliche Fotos, gutes Styling, hervorragende Weintips. Und alles über und um Wolfram Siebeck. Freue mich seit 20 Jahren immer wieder auf's neue Heft.

DER FEINSCHMECKER
MONATLICH IM
JAHRESZEITEN-VERLAG

Größtes Eß- und Trinkheft in Deutschland. Genaue, nachkochbare Rezepte – sachlich und nachvollziehbar präsentiert. Guter Leserservice. Ein wenig Schwung in die Weinvorstellung und ich wäre wunschlos glücklich.

ESSEN UND TRINKEN
MONATLICH BEI
GRUNER + JAHR

MARMITE
JOURNAL DER KOCH- UND
WEINKULTUR
6-MAL IM JAHR
AT ZEITSCHRIFTENVERLAG

Kompetentes, übersichtliches Koch-journal, gute zahlreiche Rezep-turen. Immer ein Weindossier wie Wallis, Friaul . . . Und eine Meisterköchin als Chefredaktion – Elfie Costys Rezepte gehen unter die Haut – so schön aufgemacht.

GOURMET
DAS INTERNATIONALE MAGAZIN
FÜR GUTES ESSEN
4-MAL JÄHRLICH
EDITON GOURMET GMBH

Präsentation von internationaler Spitzenküche. Immer 'nen Schluck voraus, der Johann Willsberger. Tolle Fotos, sehr gute Weintips und Satirisches zum Vergnügen – das Heft macht fast süchtig.

OPT ART MAGAZIN
INTERNATIONALES
GOURMET MAGAZIN
2-MAL JÄHRLICH

Edelmagazin für internationale Küche – alles in drei Sprachen, dafür etwas dicker und teurer – aber schön gemacht.

VINUM
DAS INTERNATIONALE
WEINMAGAZIN

Übersichtliches Weinjournal mit nachvollziehbaren Degustations-notizen – von Bordeaux bis Kali-fornien. Mehr Essen- und Wein-berichte wären gut.

DEGUSTATION
WINE NEWS LETTER
TIPS, TRENDS, TESTS
10-MAL JÄHRLICH

Endlich hat es in Deutschland 'mal einer geschafft, kompetente Wein-notizen und Informationen ohne Werbung und ohne viel Schnörkel zu verlegen. Gut, Mario Scheuer-mann, weiter so. Dafür 19 von 20 Punkten. Ein Muß für Weinfreaks.

TISCHMUSIK

EIN MUSIKALISCHES MENÜ – VON SABINE ROSSBACH-HESSE

VIVALDI	GEORG FRIEDRICH HÄNDEL
»DIE VIER JAHRESZEITEN«	MARIEN-KANTATEN
ANNE SOPHIE MUTTER	ANNE SOFIE VON OTTER
TORELLI-CONCERTE GROSSI OP 8	THE TREE TENORS
MARIANNA SIRBUN	CARRERAS / DOMINGO / PAVAROTTI
KEITH JARRETT	GITTE HAENNING
THE KÖLN CONCERT	LIEBSTER

Empfiehlt sich besonders zu Fischgerichten, weil die Musik so schön fließt. Ja, man müßte Klavier spielen können, dann hat man Glück bei den Frauen.

THE WAY IT IS
VON BRUCE HORNSBY

Die schönsten Balladen des Meisters unter Mithilfe vieler bekannter Stars. Der zarte Schmelz des ersten Rendevouz.

THE DUETS
VON ELTON JOHN

EMOTIONS *VON MARIAH CAREY*	Eine Sängerin für alle Fälle, denn Liebe geht nicht nur durch den Magen, sondern auch durch die Ohren.
BACK TO FRONT *VON LIONEL RICHIE*	Seine größten Erfolge neu abgemischt. Rhythmus zur Vorspeise, ein gehauchtes *Helloooh* beim Espresso?
LOVE SONGS AND BALLADS *VON JOE COCKER*	Nicht nur zum Coq au vin ein Gewinn. Rauhe Stimme, zarter Kern – Musik wie ein auf den Punkt gegrilltes Steak.
UNFORGETTABLE WITH LOVE *VON NATALIE COLE*	Die Sahnehaube auf der Cognacsauce. Am besten paßt dazu ein tiefer Blick über den Rand eines Rotweinglases.
NDR 2 TRAUMHAFT *DIE SCHMUSEHITS*	Der Soundtrack zu jeder kochenden Lovestory.
NIGHTFLY *VON DONALD FEAGAN*	Die Kult-CD für Kenner. Zu exquisit komponierten Menüs und einem guten Gespräch.
PAINTED DESERT SERENADE *VON JOSHUA KADISON*	Leicht verdaulicher Ohrenschmaus für Genießer jeden Alters.
SLEEPLESS IN SEATTLE *DER SOUNDTRACK ZUM FILM*	Eine Zeitreise in die Welt des großen Gefühls zum Anmachen von jungem Gemüse und / oder zu gereiften Weinen.
PAVAROTTI AND FRIENDS *VOL 2*	Für Gäste, von denen man nicht weiß, ob ihr Herz für Pop oder Klassik schlägt. Für die einen klingt *All for one* so schön klassisch, den anderen hat Bryan Adams noch nie so schön in den Hauptgang geschluchtzt wie bei *O sole mio*.